THOMAS E. GOERKE

ERFOLG IN DER PRAKTISCHEN PRÜFUNG

HOTELFACHMANN / -FRAU

Fachwissen, Prüfungsaufgaben, Tipps und Ratschläge

MATTHAES VERLAG GMBH

Impressum

ISBN 978-3-87515-001-8

3. Auflage 2012

Alle Rechte vorbehalten.
Nachdruck, auch auszugsweise, sowie Verbreitung durch
Fernsehen, Film und Funk, durch Fotokopie, Tonträger oder
Datenverarbeitungsanlagen jeder Art nur
mit schriftlicher Genehmigung des Verlags gestattet.

Umschlaggestaltung: Büroecco Kommunikationsdesign, Augsburg

© 2005 by Matthaes Verlag GmbH, Stuttgart
Printed in Germany

Vorwort

Am 1. August 1998 trat die neue Verordnung über die Berufsausbildung im Gastgewerbe in Kraft. Die Ausbildungsordnung zu modernisieren war notwendig geworden, damit sich das Gastgewerbe als Dienstleistungsbranche den Anforderungen eines wandelnden Markts stellen und daran anpassen kann. Dies ist vor allem im Hinblick auf Gästeorientierung, Teamfähigkeit, Service- und Verkaufsfähigkeit erforderlich.
Wesentliche Bestandteile der Neuordnung sind die Schaffung des neuen Ausbildungsberufs Fachmann/Fachfrau für Systemgastronomie und die Integration des Ausbildungsberufs Hotelkaufmann/Hotelkauffrau in das ganzheitliche gastgewerbliche Ausbildungskonzept.
Die Veränderungen und Entwicklungen sowie die zeitgemäßen Anforderungen an eine zukunftsorientierte Ausbildung werden von der neuen Verordnung in den Ausbildungsberufsbildern, den Ausbildungsrahmenplänen und den Prüfungsanforderungen berücksichtigt.
Das Ziel der Berufsausbildung ist es, den Ausgebildeten zu befähigen, in unterschiedlichen Betrieben den erlernten Beruf auszuüben sowie an Maßnahmen der Fort- und Weiterbildung teilnehmen zu können, um damit die berufliche Qualifikation und Beweglichkeit zu sichern.
Um die Ausbildung in Betrieb und Schule zu koordinieren, sind die Ausbildungsrahmenpläne und der schulische Rahmenlehrplan zeitlich und inhaltlich miteinander abgestimmt. Ausbildungsbetrieb und Berufsschule werden damit durch die klare Zielsetzung verbunden, die Ausbildungsinhalte praxisbezogen zu vermitteln und zur Förderung einer ganzheitlichen und handlungsorientierten Ausbildung beizutragen. Diese soll die Auszubildenden zum selbständigen Planen, Durchführen und Kontrollieren sowie zur Kommunikations- und Kooperationsbereitschaft befähigen. Das Erreichen dieser Lernziele ist in den Prüfungen nachzuweisen.
Mit dem vorliegenden Prüfungshelfer für Hotelfachleute möchte ich die Inhalte der praktischen Prüfung, deren Voraussetzungen und Rahmenbedingungen aufzeigen und damit die gezielte Vorbereitung auf die Abschlussprüfung erleichtern.
Das Werk richtet sich in erster Linie an alle auszubildenden Hotelfachleute, aber auch an die Verantwortlichen der Ausbildungsbetriebe, die Ausbilder, die Ausbildungsberater der Industrie- und Handelskammern und die Mitglieder der Prüfungsausschüsse. Sie alle sind nicht nur an der

Gestaltung der praktischen Abschlussprüfung, sondern an der gesamten Ausbildung junger Fachkräfte beteiligt. In der Lehre wird der Grundstein für den Erwerb der beruflichen Qualifizierung gelegt, die in der Prüfung bewiesen werden muss. Die Lehre ist sozusagen der Weg und das erfolgreiche Bestehen der Prüfung das Ziel des ersten beruflichen Lebensabschnitts. Meine langjährige Erfahrung in der Berufsausbildung hat mich gelehrt, dass die Anforderungen für die Erreichung dieses Ziels oft viel zu spät genauer in Augenschein genommen werden und dadurch mögliche Ausbildungsdefizite nur noch schwer und „in letzter Minute" ausgeglichen werden können.

Mit dem Prüfungshelfer Hotelfachleute möchte ich einerseits allen „Betroffenen" hilfreiche Informationen bieten und andererseits alle „Beteiligten" in ihren Bemühungen unterstützen, die berufliche Erstausbildung aktiv und so erfolgreich wie möglich zu gestalten.

Allen Auszubildenden wünsche ich schon jetzt viel Erfolg in der Abschlussprüfung!

Ihr

Thomas E. Goerke
Restaurant- und Hotelmeister
Technischer Oberlehrer und Fachbetreuer Service und Organisation
an der Landesberufsschule für das Hotel- und Gaststättengewerbe
in Bad Überkingen

Inhalt

Vorwort **3**

Kapitel 1
Das Ausbildungsprofil der Hotelfachleute **6**

Kapitel 2
Die Ausbildungsordnung und die Prüfungen **10**

Kapitel 3
Der Ausbildungsrahmenplan und die Lernziele **28**

Kapitel 4
Das Führen von Ausbildungsnachweisen (Berichtsheft) **36**

Kapitel 5
Das Phänomen Prüfungsangst und die Vorbereitung
auf die Abschlussprüfung **44**

Kapitel 6
Der Prüfungsablauf, Zeit- und Arbeitsmanagement **50**

Kapitel 7
Musteraufgaben für die komplexe Prüfungsaufgabe **54**

Kapitel 8
Verkaufsgespräche in der Praxis und das gastorientierte Gespräch
in der praktischen Prüfung **62**

Kapitel 9
Das Marketing und die Lösungshinweise
für die komplexen Prüfungsaufgaben **70**

Kapitel 10
Weitere praktische Prüfungsaufgaben **94**

  A Erarbeiten einer Prüfliste, Kontrollieren und Herrichten
     eines Gastraums anhand der Prüfliste **96**

  B Arbeiten am Empfang **102**

  C Bearbeiten einer Reklamation oder **119**

  D Servieren von Speisen und Getränken **121**

Kapitel 11
Die Bewertung von Prüfungsleistungen **140**

1 | Das Ausbildungsprofil der Hotelfachleute

Während der Neuordnung der Berufsausbildung wurden für alle gastronomischen Berufe Ausbildungsprofile erarbeitet und zusammen mit der Ausbildungsordnung in deutscher, englischer und französischer Sprache veröffentlicht. Diese Profile enthalten die wesentlichen Strukturmerkmale der Ausbildungsberufe und beschreiben übersichtlich und in kurzen Worten die unterschiedlichen Arbeitsgebiete und die beruflichen Fähigkeiten. Das Ausbildungsprofil, das ebenfalls in dreisprachiger Fassung ausgestellte Abschlusszeugnis der IHK sowie später erworbene Weiterbildungszertifikate und Arbeitsnachweise ergeben ein transparentes Bild über die konkreten Tätigkeits- und Aufgabenbereiche der Fachkräfte. Damit wird ein entscheidender Beitrag zur Förderung der beruflichen Mobilität auf dem Arbeitsmarkt innerhalb der Europäischen Union geleistet.

Das Ausbildungsprofil der Hotelfachleute:

1. Berufsbezeichnung
Hotelfachmann/Hotelfachfrau.

2. Ausbildungsdauer
3 Jahre – die Ausbildung erfolgt an den Lernorten Betrieb und Berufsschule.

3. Arbeitsgebiet
Hotelfachleute planen und organisieren die wesentlichen Arbeitsabläufe im Hotel. Sie sind insbesondere in folgenden Arbeitsgebieten tätig:
- Empfang
- Werbung und Verkaufsförderung
- Wirtschaftsdienst

4. Berufliche Fähigkeiten
Hotelfachleute
- empfangen und beraten Gäste,
- führen Gästekorrespondenz,
- kalkulieren und erstellen Angebote,
- erstellen Gastrechnungen,
- führen die Hotelkasse,
- entwickeln und führen Marketingmaßnahmen durch,
- kontrollieren Ergebnisse von Marketingmaßnahmen,
- kontrollieren Galträume und richten diese her,
- erstellen bereichsbezogene Personaleinsatzpläne,
- servieren Speisen und Getränke.

Training Profile:

1. Designation of occupation
Specialist in the hotel business (m/f).

2. Duration of traineeship
3 years – the venues for training are the training company and the vocational school.

3. Field of activity
Specialists in the hotel business plan and organize the essential operations in a hotel. Their particular fields of activity are
- reception
- advertising and sales promotion
- operational departments

4. Occupational skills
Specialists in the hotel business
- receive and advise guests,
- conduct correspondence with guests,
- calculate and prepare offers,
- prepare guests' bills,
- control the hotel cash desk,
- develop and carry out marketing activities,
- monitor the results of marketing activities,
- check and set up hospitality rooms,
- prepare staffing plans for particular departments,
- serve food and beverages.

Profil de formation:

1. Désignation du métier
Technicien de l'hôtellerie/Technicienne de l'hôtellerie

2. Durée de formation
3 ans – la formation s'effectue en entreprise et à l'école professionnelle.

3. Domaine d'activité
Les techniciens/techniciennes de l'hôtellerie planifient et organisent les principaux travaux devant être effectués dans un hôtel. Ils/elles ont en particulier les domaines d'activité suivants:
- réception
- publicité et promotion des ventes
- service en salle

4. Capacités professionnelles
Les techniciens/techniciennes de l'hôtellerie
- accueillent et conseillent les clients,
- assurent la correspondance avec la clientèle,
- calculent les devis et établissent les offres,
- établissent les factures des clients,
- gèrent la caisse de l'hôtel,
- élaborent et réalisent des mesures de marketing,
- contrôlent les résultats des mesures de marketing,
- vérifient l'état des salles et les mettent en ordre,
- élaborent le planning du personnel,
- servent des plats et des boissons.

2 | Die Ausbildungsordnung und die Prüfungen

Die Ausbildungsordnung für die Hotelfachleute basiert auf dem § 25 Abs. 1 des Berufsbildungsgesetzes und wird vom Wirtschaftsministerium im Einvernehmen mit dem Ministerium für Bildung, Wissenschaft, Forschung und Technologie erlassen. Sie ist bundesweit allgemeinverbindlich und regelt einheitlich den betrieblichen Teil der dualen Berufsausbildung in diesem staatlich anerkannten Lehrberuf.

Für den Berufsschulunterricht während der Lehre sind die Bundesländer zuständig, die diesen Teil des dualen Systems durch die Rahmenlehrpläne regeln. Diese werden von der Kultusministerkonferenz der Bundesländer auf die betriebliche Ausbildungsordnung abgestimmt und gemeinsam mit ihr veröffentlicht.

Für die Überwachung der Lehre zum Hotelfachmann/zur Hotelfachfrau ist die Industrie- und Handelskammer des Ausbildungsorts die zuständige Stelle.

Die wesentlichen Abschnitte der Ausbildungsordnung werden im Folgenden kurz beschrieben und erläutert.

Die Dauer der Lehrzeit

Die Berufsausbildung dauert 3 Jahre und endet mit dem Ablauf des Vertrags bzw. dem Bestehen der Abschlussprüfung.

Das Ausbildungsberufsbild der Hotelfachleute

Gegenstand der betrieblichen Lehre sind mindestens die nachstehenden Fertigkeiten und Kenntnisse:
- Berufsbildung, Arbeits- und Tarifrecht
- Aufbau und Organisation des Ausbildungsbetriebs
- Sicherheit und Gesundheitsschutz bei der Arbeit
- Umweltschutz
- Umgang mit Gästen, Beratung und Verkauf
- Einsetzen von Geräten, Maschinen und Gebrauchsgütern, Arbeitsplanung
- Hygiene
- Küchenbereich
- Servicebereich
- Büroorganisation und -kommunikation

- Warenwirtschaft
- Werbung und Verkaufsförderung
- Wirtschaftsdienst
- Empfang
- Marketing

Die genannten Fertigkeiten und Kenntnisse sind so zu vermitteln, dass der Auszubildende zur Ausübung einer qualifizierten beruflichen Tätigkeit befähigt wird. Diese Befähigung, die vor allem selbständiges Planen, Durchführen und Kontrollieren einschließen sollte, ist auch in den Zwischen- und Abschlussprüfungen nachzuweisen.

Der Ausbildungsplan

Der Lehrherr hat unter Zugrundelegung des Ausbildungsrahmenplans für den Auszubildenden einen Plan zu erstellen. Dieser weist den inhaltlichen Aufbau und die zeitliche Abfolge der betrieblichen Lehre auf (siehe auch Kapitel 3).

Das Berichtsheft

Der Lehrling hat ein Berichtsheft in Form eines Ausbildungsnachweises zu führen. Ihm ist Gelegenheit zu geben, das Berichtsheft während der Arbeitszeit zu führen. Der Ausbildende hat es regelmäßig durchzusehen. Die Vorlage des Berichtshefts ist Voraussetzung für die Zulassung zur Abschlussprüfung (siehe auch Kapitel 4).

Die Zwischenprüfung

Zur Ermittlung des Ausbildungsstands ist eine Zwischenprüfung durchzuführen, die nach dem 1. Lehrjahr stattfinden soll.
Die Zwischenprüfung erstreckt sich auf die im 1. Ausbildungsjahr zu vermittelnden Fertigkeiten und Kenntnisse sowie auf den im Berufsschulunterricht entsprechend dem Rahmenlehrplan zu unterrichtenden Lehrstoff, so weit er für die Berufsausbildung wesentlich ist. In höchstens 3 Stunden soll der Prüfling eine praktische Aufgabe bearbeiten. Dabei soll er zeigen, dass er Arbeiten planen, durchführen und präsentieren, die Ergebnisse kontrollieren und Gesichtspunkte der Hygiene, des Umweltschutzes, der Wirtschaftlichkeit und der Gästeorientierung berücksichtigen kann.

Als Prüfgebiete kommen insbesondere die folgenden in Betracht:
- Planen von Arbeitsschritten
- Anwenden von Arbeitstechniken
- Präsentieren von Produkten

Der Termin für die Durchführung der Zwischenprüfung wird von der zuständigen Stelle, also der Industrie- und Handelskammer, angezeigt. Die Aufgabenstellung erfolgt durch den Prüfungsausschuss.

Die Formulierung der Verordnung „… soll der Prüfling eine praktische Aufgabe bearbeiten" wird heute von den Kammern unterschiedlich ausgelegt und umgesetzt. So kann die Bearbeitung der praktischen Aufgabe in rein schriftlicher, in praktischer und schriftlicher sowie in ausschließlich praktischer Form verlangt werden. Auch die Teilnahme an diesem Zwischenexamen ist Voraussetzung für die Zulassung zur Abschlussprüfung.

Das Ergebnis der Zwischenprüfung dient der Ermittlung des Ausbildungsstands und gibt dem Lehrherrn bzw. Ausbilder die Möglichkeit, gegebenenfalls korrigierend bzw. ergänzend und fördernd auf die weitere Lehrzeit einzuwirken.

Musteraufgaben für eine Zwischenprüfung in rein schriftlicher Form

(Lösungshinweise am Ende des Kapitels)

Ausgangssituation:

Sie sind bereits seit einem Jahr in der Ausbildung. Ihr Ausbilder erklärt Ihnen, dass Herr Schneider in Ihrem Betrieb demnächst seinen 80. Geburtstag feiern will und dazu 35 Gäste erwartet. Viele Gäste sind älter als 50 Jahre. Es werden aber auch 8 Enkel und Urenkel erwartet. Ihr Vorgesetzter bittet Sie nun, die Vorbereitungen für diese Veranstaltung vorzunehmen und noch offene Fragen abzuklären.

Teil A

Für die Bearbeitung der folgenden 6 Aufgaben stehen Ihnen maximal 75 Minuten zur Verfügung. Es werden nur solche Antworten bewertet, die auf dem von der Kammer ausgegebenen Lösungsbogen stehen.
Bei jeder Aufgabe können maximal 10 Punkte erzielt werden.

1. Damit Sie keinen wichtigen Schritt vergessen, fertigen Sie bitte eine Checkliste für den Servicebereich an. Diese soll alle wichtigen Punkte enthalten, die bei der Vorbereitung dieser Veranstaltung beachtet werden müssen.
2. Schlagen Sie ein 3-gängiges Menü für diese Geburtstagsfeier vor.
3. Zeichnen Sie das Gedeck für das von Ihnen erarbeitete 3-gängige Menü auf, und beschriften Sie die Bestandteile.
4. Bieten Sie 3 Gerichte und 3 Desserts für die Kinder an.
5. Wie können Sie die Kinderkarte grafisch gestalten?
6. Für die Feier werden Obst, Gemüse und Salat angeliefert. Erstellen Sie für die Warenannahme eine Checkliste für Ihre Kollegen.

Teil B

Für die Beantwortung der folgenden 20 Aufgaben stehen Ihnen maximal 45 Minuten zur Verfügung. Sofern in der Aufgabenstellung nichts anderes verlangt wird, kreuzen Sie bitte die zutreffende Antwort an. Es ist jeweils nur 1 Antwort richtig.

Aufgabe 1

Die Mitarbeiterin im Büro hat Ihren Menüvorschlag geschrieben und mit dem Hinweis „Unsere Preise sind Inklusivpreise" versehen. Was bedeutet dies für Herrn Schneider?

1. Der Preis enthält nur Mehrwertsteuer und Getränkesteuer, aber kein Bedienungsgeld. ❏
2. Der Preis enthält nur die Umsatzsteuer, das Bedienungsgeld wird gesondert aufgeschlagen. ❏
3. Der Preis enthält nur das Bedienungsgeld, die Umsatzsteuer wird gesondert aufgeschlagen. ❏
4. Im Preis sind Mehrwertsteuer und Bedienungsgeld enthalten. ❏
5. Im Preis für das Menü sind die Getränke enthalten. ❏

Aufgabe 2

Herr Schneider teilt im Verkaufsgespräch mit, dass einige Gäste Probleme mit dem Magen haben. Welche Gruppe von Gemüsen sollte unter anderem wegen ihrer blähenden Wirkung bei Magenschonkost vermieden werden?

1. Fenchel, Tomaten ❏
2. Auberginen, Spinat ❏
3. Karotten, Chicorée ❏
4. Artischocken, Zucchini ❏
5. Sauerkraut, Rotkraut ❏

Aufgabe 3

Herr Schneider bekommt beim Gespräch einen Prospekt Ihres Ausbildungsbetriebs überreicht. Darin steht, dass bei Ihnen Umweltschutz groß geschrieben wird.
Welches sollte das oberste Ziel des Betriebs sein, wenn er einen aktiven Beitrag zum Umweltschutz leisten möchte?

1. Den Abfall in sauber gereinigten Tonnen zu sammeln. ❏
2. Den Abfall ordentlich in seine Bestandteile zu zerlegen. ❏
3. Den Abfall gewissenhaft zu recyceln. ❏
4. Den Abfall bestmöglich zu reduzieren. ❏
5. Den Abfall nach Wertstoffen zu trennen. ❏

Aufgabe 4

Herr Schneider bittet um eine Empfehlung für warme Desserts.
Welche Desserts werden ausschließlich warm serviert?

1. Überbackene Kiwischeiben mit Sabayon, Hefeknödel mit Vanillesauce, Apfelküchle ❏
2. Heiße Himbeeren mit Vanilleeis, Mousse, mit exotischen Früchten umlegt, Rote Grütze ❏
3. Sorbet, Bayerische Creme, Fruchtgelee ❏
4. Karamellcreme, Schokocreme, flambierte Bananen ❏
5. Eisauflauf, flambierte Schattenmorellen, Früchte in Weingelee ❏

Aufgabe 5

Herr Schneider wünscht, dass nach dem Abendessen Cognac gereicht wird. Mit welcher Ausschanktemperatur müssen Sie den Cognac fachgerecht servieren?

1. Eisgekühlt ❏
2. Bei 6 °C ❏
3. Bei 12 °C ❏
4. Bei 18 °C ❏
5. Bei 24 °C (Raumtemperatur) ❏

Aufgabe 6

Ihr Ausbilder erklärt Herrn Schneider beim Verkaufsgespräch, dass bei 20 Teilnehmern der Hauptgang „auf Bestellung zubereitet werden kann". Wie lautet der fremdsprachliche Begriff dafür?

1. supplement ❑
2. à part ❑
3. à la minute ☒
4. couvert ❑
5. en surprise ❑
6. à la carte ❑

Aufgabe 7

Herr Schneider möchte über eine eventuelle Verkürzung der Sperrzeit informiert werden. Bei welcher Stelle muss Ihr Ausbildungsbetrieb die Verkürzung beantragen?

1. Bei der Industrie- und Handelskammer ❑
2. Bei der Gemeindeverwaltung ❑
3. Beim Gewerbeaufsichtsamt ❑
4. Bei der Berufsgenossenschaft ❑
5. Bei der Gewerkschaft Nahrung-Genuss-Gaststätten ❑

Aufgabe 8

Herr Schneider erkundigt sich nach den Zahlungsmöglichkeiten. Welche Zahlungsart ist für Ihr Ausbildungsbetrieb die kostengünstigste?

1. Kreditkarte ❑
2. Barscheck ❑
3. Barzahlung ❑
4. Postscheck ❑
5. Banküberweisung ❑

Aufgabe 14

Ihr Ausbilder stellt Herrn Schneider einen Kollegen als „Commis de Rang" vor. Herr Schneider erkundigt sich bei Ihnen nach den Aufgaben dieses Mitarbeiters. Was antworten Sie korrekt?

1. Er ist dem Chef de Rang unterstellt und hilft ihm beim Heraustragen der Speisen und Getränke. ☑
2. Er ist für eine Station zuständig und übernimmt auch Arbeiten wie Filetieren und Tranchieren. ☐
3. Er ist Getränkefachmann und berät die Gäste bei der Auswahl ihrer Getränke. ☐

Aufgabe 15

Ein Kollege hat sich in der Küche eine stark blutende Wunde an der Hand zugezogen. Welche Erste-Hilfe-Maßnahme ist notwendig?

1. Er muss die Wunde sofort auswaschen, damit der Schmutz entfernt wird. ☐
2. Er muss sofort einen Arzt aufsuchen, nur dieser kann helfen. ☐
3. Er muss die Wunde zunächst ausbluten lassen, damit die Keime ausgeschwemmt werden. ☐
4. Seine Hauptschlagader muss sofort längerfristig abgebunden werden, damit die Blutung gestillt wird. ☐
5. Ihm muss sofort ein Druckverband angelegt werden, damit die Blutung gestillt wird. ☑

Aufgabe 16

Unter den Gästen sind auch 5 Kinder. Diese wollen Pommes frites serviert bekommen. Wie muss danach altes Fritteusenfett richtig entsorgt werden?

1. Sie müssen es zum Sperrmüll geben. ☐
2. Sie müssen es zum Biomüll geben. ☐
3. Sie müssen es in die gelbe Tonne/in den gelben Sack geben. ☐
4. Sie müssen es getrennt sammeln, damit es später als Sondermüll entsorgt werden kann. ☑
5. Sie müssen es in einen mit Fettabscheider ausgestatteten Ausguss gießen. ☐

Aufgabe 17

Sie sind bei der Veranstaltung im Service eingesetzt. Welche Serviertätigkeit wird von links vorgenommen?

1. Das Einsetzen einer Suppe. ❑
2. Das Vorlegen von der Platte. ❑
3. Das Ausheben des Gedecktellers. ❑
4. Das Ausheben eines Vorspeisentellers. ❑
5. Das Einsetzen einer Tasse Mokka. ❑

Aufgabe 18

Herr Schneider ist Hobbykoch. Er erkundigt sich bei Ihnen, welche Temperatur für die Fleischlagerung richtig ist. Welche Antwort geben Sie?

1. − 2 Grad bis + 2 Grad ❑
2. + 4 Grad bis + 7 Grad ❑
3. +10 Grad bis +12 Grad ❑

Aufgabe 19

Die minderjährige Tochter von Herrn Schneider ist ebenfalls in der Ausbildung. Herr Schneider erkundigt sich deshalb bei Ihnen, wie lange ein 17-jähriger Auszubildender abends beschäftigt werden darf. Wie lautet Ihre Antwort?

1. Bis 21.00 Uhr ❑
2. Bis 22.00 Uhr ❑
3. Bis 23.00 Uhr ❑

Aufgabe 20

Nach der Veranstaltung entnimmt der Magazinverwalter der Kartei für einen bestimmten Wein den Anfangsbestand und die Zugänge. Auf Grund der Inventur ist ihm der aufgenommene Endbestand bekannt. Welche Größe ergibt sich unter dieser Voraussetzung aus nachfolgender Rechnung für die 281 Flaschen?

Anfangsbestand	176 Flaschen
+ Zugang	425 Flaschen
− Endbestand	320 Flaschen
= ?	**281 Flaschen**

1. Der Istbestand ❏
2. Der Verbrauch ❏
3. Der Sollbestand ❏
4. Der eiserne Bestand ❏
5. Der Meldebestand ❏

Abschlussprüfung

Die Abschlussprüfung erstreckt sich auf die im Ausbildungsrahmenplan aufgeführten Fertigkeiten und Kenntnisse sowie auf den im Berufsschulunterricht vermittelten Lehrstoff, so weit er für die Berufsausbildung wesentlich ist. Die Prüfung ist schriftlich und praktisch durchzuführen.

Es ist die Aufgabe der Industrie- und Handelskammer, eine Prüfungsordnung für das Verfahren der Abschlussprüfung sowie die Termine zu erlassen. Die Durchführung obliegt einem Prüfungsausschuss, der von der IHK eingesetzt wird. Dieser beschließt die Art der Durchführung und die Aufgaben und muss sich dabei an die in der Ausbildungsordnung festgelegten Prüfungsgegenstände und Durchführungsbestimmungen halten.

Die schriftliche Prüfung soll in den Bereichen Gästeempfang und -beratung, Marketing und Arbeitsorganisation sowie Wirtschafts- und Sozialkunde durchgeführt werden. Dafür kommen insbesondere Fragen und Aufgaben, die sich auf praxisbezogene Fälle beziehen, in Betracht.

Sind im schriftlichen Examen die Prüfungsleistungen in bis zu zwei Bereichen mit „mangelhaft" und in den übrigen Bereichen mit mindestens „ausreichend" bewertet worden, so ist auf Antrag des Prüflings oder nach Ermessen des Prüfungsausschusses in einem mit „mangelhaft" bewerteten Bereich die schriftliche durch eine mündliche Prüfung von etwa 15 Minuten zu ergänzen, wenn diese für das Bestehen den Ausschlag geben kann. Der Prüfungsbereich ist vom Kandidaten zu bestimmen.

Bei der Ermittlung des Ergebnisses für diesen Bereich sind die Ergebnisse der schriftlichen Prüfung und der mündlichen Ergänzungsprüfung im Verhältnis 2 zu 1 zu gewichten.

In der praktischen Prüfung soll der Kandidat zeigen, dass er Gäste empfangen und beraten, Aufgaben der Verkaufsförderung bearbeiten sowie Maschinen und Gebrauchsgüter wirtschaftlich und ökologisch einsetzen und Sicherheit und Gesundheitsschutz sowie Hygiene bei der Arbeit berücksichtigen kann.

Er soll in insgesamt höchstens 3 Stunden eine komplexe Prüfungsaufgabe sowie in nochmals 3 Stunden zwei weitere Aufgaben bearbeiten.

- **Komplexe Prüfungsaufgabe:**
  Planen einer verkaufsfördernden Maßnahme. Hierzu sind ein Ablaufplan und eine Liste mit Werbemitteln und Werbeträgern zu erstellen sowie Möglichkeiten der Erfolgskontrolle aufzuzeigen. Diese Aufgabe soll Ausgangspunkt für ein gastorientiertes Gespräch sein. Dabei soll der Prüfling zeigen, dass er Leistungen anbieten und verkaufen kann. Innerhalb der Aufgabe sollen jedoch höchstens 20 Minuten auf das Gespräch entfallen.

- **Als weitere Prüfungsaufgaben:**
  - Das Erarbeiten einer Prüfliste, Kontrollieren und Herrichten eines Gastraums anhand der Prüfliste.
  - Arbeiten am Empfang.
  - Das Bearbeiten einer Reklamation oder
  - das Servieren von Speisen und Getränken.

Das Examen ist bestanden, wenn jeweils in der schriftlichen und praktischen Prüfung mindestens „ausreichende" Leistungen erbracht sind. Werden die Leistungen in einem Bereich mit „ungenügend" bewertet, so ist sie nicht bestanden. In der schriftlichen und praktischen Prüfung soll der Kandidat nachweisen, dass er zu einer qualifizierten beruflichen Tätigkeit befähigt ist, die selbständiges Planen, Durchführen und Kontrollieren einschließt.

Lösungshinweise für die Aufgabenbeispiele „Zwischenprüfung"

Die Lösungshinweise für diesen Teil sind nicht verbindlich, dienen lediglich als Korrekturhilfe, und man neigt dazu, abweichende oder ergänzende, aber mindestens vertretbare Antworten der Prüflinge als zutreffend zu werten.

Teil A

Aufgabe 1
- Checkliste zur Erfassung von Kundenwünschen, wie Zeitablauf, Tafelform, Speisen und Getränke, Sonderkostformen, Dekoration, Menü- und Tischkarten, Reden usw.
- Mise en place (durchzuführende Vorbereitungsarbeiten)
- Personaleinsatz- und Ablaufplanung

Aufgabe 2
Bei der Menüerstellung sind der Anlass (sehr festlich) sowie die Personengruppe (hauptsächlich ältere Menschen) zu beachten, und die Verwendung saisonaler Produkte in den einzelnen Gängen muss einer bestimmten Jahreszeit zuzuordnen sein. Darüber hinaus müssen die Grundregeln der Menükunde, wie beispielsweise die Abwechslung der Rohstoffe, Zubereitungsarten und Farben, eingehalten werden.

Beispielmenü:

> Hausgebeizter Lachs mit Dill-Senf-Sauce
> Toast und Butter
> ✻✻✻
> Kalbsrückensteak, mit feinem Ragout überbacken
> Mandelbrokkoli und Herzoginkartoffeln
> ✻✻✻
> Kokosrahmeis mit exotischem Fruchtsalat

Aufgabe 3
Gedeck laut nebenstehendem Menü:

- ❶ Mundserviette (doppelter Tafelspitz)
- ❷ Tafelgabel
- ❸ Tafelmesser
- ❹ Mittelgabel
- ❺ Mittelmesser
- ❻ Toastteller
- ❼ Buttermesser
- ❽ Kleine Gabel oder Mittelgabel (je nach Anrichteweise)
- ❾ Kleiner Löffel oder Mittellöffel (je nach Anrichteweise)
- ❿ Weinglas
- ⓫ Wasserglas

Aufgabe 4
- Spaghetti mit Tomatensauce oder Sauce Bolognese und gemischtem Salat
- Frankfurter Würstchen mit Pommes frites und Ketchup
- Schweinemedaillons mit Champignonrahmsauce
  Erbsen und Möhrengemüse
  Hausgemachte Spätzle

- Kindereisbecher mit Früchten und Schokolinsen
- Rote Grütze mit Vanillesauce
- Vanilleeis mit heißer Schokoladensauce

Aufgabe 5
Farblich bunte Gestaltung mit Zeichnungen und/oder Formgebung durch Ausschneiden.

Aufgabe 6
Bestellung und Lieferung vergleichen und
- Art der Ware
- Menge bzw. Gewicht
- Beschaffenheit
- Frische
- Qualität
- Handels- bzw. Güteklassen

prüfen.

Teil B

Aufgabe	Lösung
1	4
2	5
3	4
4	1
5	5
6	3
7	2
8	3
9	3
10	2
11	3
12	3
13	1
14	1
15	5
16	4
17	2
18	2
19	2
20	2

3 Der Ausbildungsrahmenplan und die Lernziele

Der betriebliche Ausbildungsrahmenplan ist in die Abschnitte
- Berufliche Grundbildung
- Berufliche Fachbildung
- Besondere berufliche Fachbildung

gegliedert, die in der zeitlichen Aufeinanderfolge der Regelausbildungszeit von 3 Lehrjahren entsprechen.

Die im Ausbildungsrahmenplan aufgeführten Inhalte sind Mindestanforderungen, die zu vermitteln sind, um das angegebene Qualifikationsniveau zu erreichen.

Es ist sicherzustellen, dass die Ausbildungsinhalte des 1. Jahres bei der Zwischen- und die Gesamtheit der Ausbildungsinhalte bei der Abschlussprüfung verfügbar sind. Die zeitliche Gliederung des Ausbildungsrahmenplans sieht eine Zuordnung der Ausbildungsinhalte zu den Lehrjahren vor. Zusätzlich geben Richtwerte in Wochen an, welcher Zeitraum für die Vermittlung bestimmter Inhalte vorzusehen ist.

Die Summe dieser Zeitrichtwerte, die eine relative gegenseitige Gewichtung der Ausbildungsinhalte darstellen, ergibt 52 Wochen pro Jahr. Urlaub, Berufsschulzeit, Feiertage und sonstige Ausfalltage wurden bei diesen Richtwerten nicht berücksichtigt, da sie in unterschiedlichem Maße anfallen.

Die Richtzeiten sind also in der Praxis individuell, unter der Berücksichtigung der im Einzelfall auftretenden Ausfallzeiten, entsprechend zu kürzen und in den betrieblichen Ausbildungsplan aufzunehmen.

Durch den Anleitungscharakter des Ausbildungsrahmenplans wird die Flexibilität, welche für die Besonderheiten der betrieblichen Lehre erforderlich ist, gewährleistet. Dies bedeutet, dass in den betrieblichen und individuellen Ausbildungsplänen Inhalte zeitlich verschoben werden können.

Eine Übertragung von Ausbildungsinhalten von der Grundbildung zur Fachbildung und umgekehrt sollte allerdings nicht vorgenommen werden, damit sichergestellt ist, dass die Ausbildungsinhalte der Grundbildung bis zur Zwischenprüfung vermittelt worden sind. Es muss eine zweckentsprechende, sinnvoll geordnete und planmäßige Lehrzeit gewährleistet sein.

Der Ausbildungsrahmenplan und die Lernziele

Die in der Ausbildungsordnung enthaltene Aussage zur Befähigung der Auszubildenden, nach der Lehre eine qualifizierte berufliche Tätigkeit ausüben zu können, verdeutlicht den Anspruch, den die Berufspraxis heutzutage an Hotelfachleute stellt. Diese sollen Arbeiten planen, Tätigkeiten selbständig durchführen und das Arbeitsergebnis kontrollieren können. Dadurch sollen die Motivation, Verantwortungsbereitschaft und das Selbstwertgefühl der Hotelfachleute entscheidend gefördert werden.

Die sachlichen Inhalte im Ausbildungsrahmenplan sehen seit der Neuordnung der gastgewerblichen Ausbildungsberufe vor, dass die Fertigkeiten und Kenntnisse im engen Zusammenhang von Planen, Durchführen und Kontrollieren zu vermitteln sind.

> Diese ganzheitlichen Ziele werden als Qualifikationen oder Kompetenzen bezeichnet und sollen selbständiges
> - Informieren (beispielsweise kommunizieren, Daten beschaffen)
> - Planen (beispielsweise Vorgehensweise planen)
> - Entscheiden (beispielsweise Arbeitsabläufe festlegen)
> - Durchführen (beispielsweise Gäste beraten)
> - Kontrollieren (beispielsweise Arbeitsschritte überprüfen und Ergebnis beurteilen)
> - Bewerten (beispielsweise Arbeitsergebnisse, Abweichungen vom Arbeitsziel beurteilen)
>
> in die berufliche Handlungsfähigkeit zu Tätigkeiten einschließen.
>
> Den vielfältigen Anforderungen des Berufsalltags können nur diejenigen ausreichend gewachsen sein, die bereits in der Ausbildung mit den Schlüsselqualifikationen
> - Fachkompetenz (Fachkönnen, Fachwissen)
> - Methodenkompetenz (Lern- und Arbeitsmethoden) und
> - Sozialkompetenz (personale Verhaltensweisen)
>
> eine ganzheitliche Qualifikation und Motivation und damit die berufliche Handlungskompetenz erworben haben.

Folgende Inhalte sind während der gesamten Ausbildung zu vermitteln:

Berufsbildung, Arbeits- und Tarifrecht
a) Bedeutung des Ausbildungsvertrags, insbesondere Abschluss, Dauer und Beendigung, erklären.
b) Gegenseitige Rechte und Pflichten aus dem Ausbildungsvertrag nennen.
c) Möglichkeiten der beruflichen Fortbildung nennen.
d) Wesentliche Teile des Arbeitsvertrags nennen.
e) Wesentliche Bestimmungen der für den ausbildenden Betrieb geltenden Tarifverträge nennen.

Aufbau und Organisation des Ausbildungsbetriebs
a) Aufbau und Aufgaben des ausbildenden Betriebs erläutern.
b) Grundfunktionen des ausbildenden Betriebs wie Einkauf, Produktion, Dienstleistung, Verkauf und Verwaltung erklären.
c) Beziehungen des ausbildenden Betriebs und seiner Beschäftigten zu Wirtschaftsorganisationen, Berufsvertretungen und Gewerkschaften nennen.
d) Grundlagen, Aufgaben und Arbeitsweise der betriebsverfassungs- oder personalvertretungsrechtlichen Organe des ausbildenden Betriebs beschreiben.

Sicherheits- und Gesundheitsschutz bei der Arbeit
a) Gefährdung von Sicherheit und Gesundheit am Arbeitsplatz feststellen und Maßnahmen zu ihrer Vermeidung ergreifen.
b) Berufsbezogene Arbeitsschutz- und Unfallverhütungsvorschriften anwenden.
c) Verhaltensweisen bei Unfällen beschreiben sowie erste Hilfsmaßnahmen einleiten.
d) Vorschriften des vorbeugenden Brandschutzes anwenden; Verhaltensweisen bei Bränden beschreiben und Maßnahmen zur Brandbekämpfung ergreifen.

Umweltschutz

Zur Vermeidung betriebsbedingter Umweltbelastungen im beruflichen Einwirkungsbereich beitragen, in der Hauptsache

a) mögliche Umweltbelastungen durch den Ausbildungsbetrieb und dessen Beitrag zum Umweltschutz an Beispielen erklären,
b) für den Ausbildungsbetrieb geltende Regelungen des Umweltschutzes anwenden,
c) Möglichkeiten der wirtschaftlichen und umweltschonenden Energie- und Materialverwendung nutzen,
d) Abfälle vermeiden; Stoffe und Materialien einer umweltschonenden Entsorgung zuführen.

Nachstehende Inhalte sind während der beruflichen Grundbildung im 1. Ausbildungsjahr zu vermitteln:

Umgang mit Gästen, Beratung und Verkauf (10 Wochen)

a) Auswirkungen des persönlichen Erscheinungsbilds und Verhaltens auf Gäste darstellen und begründen.
b) Gastgeberfunktion wahrnehmen.
c) Erwartungen von Gästen hinsichtlich Beratung, Betreuung und Dienstleistung ermitteln.
d) Aufgaben, Befugnisse und Verantwortungen im Rahmen der Ablauforganisation berücksichtigen.
e) Gäste empfangen und betreuen.
f) Berufsbezogene fremdsprachliche Fachbegriffe anwenden.
g) Gäste über das Angebot an Dienstleistungen und Produkten informieren.
h) Mitteilungen und Aufträge entgegennehmen und weiterleiten.
i) Berufsbezogene Rechtsvorschriften anwenden.

Einsetzen von Geräten, Maschinen und Gebrauchsgütern, Arbeitsplanung (2 Wochen)
a) Arbeitsschritte planen.
b) Arbeitsplatz unter Berücksichtigung hygienischer und ergonomischer Anforderungen vorbereiten.
c) Arbeitsvorbereitungen bereichsbezogen durchführen.
d) Geräte, Maschinen und Gebrauchsgüter wirtschaftlich einsetzen.
e) Geräte, Maschinen und Gebrauchsgüter reinigen und pflegen.

Hygiene (2 Wochen)
a) Vorschriften und Grundsätze zur Personal- und Betriebshygiene anwenden.
b) Desinfektions- und Reinigungsmittel ökonomisch einsetzen.

Küchenbereich (12 Wochen)
a) Produkte auf Beschaffenheit prüfen und Verwendungsmöglichkeiten zuordnen.
b) Arbeitstechniken und Garverfahren zur Herstellung einfacher Speisen anwenden.
c) Einfache Speisen unter Berücksichtigung der Rezepturen, der Ernährungslehre und der Wirtschaftlichkeit zubereiten.
d) Vorgefertigte Produkte unter Beachtung von Verarbeitungsstufen, Rezepturen und Wirtschaftlichkeit zu einfachen Speisen verarbeiten.
e) Einfache Speisen nach Vorgabe anrichten und bei der Produktpräsentation mitwirken.

Servicebereich (12 Wochen)
a) Verkaufsfähigkeit von Produkten prüfen.
b) Aufguss- und Heißgetränke zubereiten sowie Getränke ausschenken.
c) Speisen und Getränke servieren und ausheben.
d) Bei Service- und Menübesprechungen mitwirken.
e) Betriebliches Kassensystem bedienen.

Büroorganisation und -kommunikation (10 Wochen)
a) Arbeitsplatzbezogene schriftliche Arbeiten ausführen.
b) Schriftstücke registrieren und ablegen.
c) Karteien und Dateien führen und zur Erfüllung von Arbeitsaufgaben einsetzen; Daten sichern.
d) Gesetzliche und betriebliche Regelungen zum Datenschutz anwenden.

Warenwirtschaft (4 Wochen)
a) Waren annehmen, auf Gewicht, Menge und sichtbare Schäden prüfen und betriebsübliche Maßnahmen einleiten.
b) Waren ihren Ansprüchen gemäß einlagern.
c) Lagerbestände kontrollieren.

Folgende Inhalte sind während der beruflichen Fachbildung im 2. Ausbildungsjahr zu vermitteln:

Umgang mit Gästen, Beratung und Verkauf (12 Wochen)
a) Gespräche gäste- und unternehmensorientiert führen.
b) Sprachliche und nichtsprachliche Ausdrucksmöglichkeiten anwenden.
c) Reklamationen entgegennehmen, bearbeiten und Lösungen aufzeigen.
d) Reservierungswünsche entgegennehmen, Reservierungen ausführen.
e) Gäste unter Berücksichtigung ihrer Wünsche beraten.

Einsetzen von Geräten, Maschinen und Gebrauchsgütern, Arbeitsplanung (4 Wochen)
a) Wartung von Geräten und Maschinen sowie Instandsetzung von Gebrauchsgütern veranlassen.
b) Arbeitsergebnisse kontrollieren und bewerten.

Warenwirtschaft (12 Wochen)
a) Arbeitsplatzbezogenen Warenbedarf ermitteln.
b) Bestellungen einleiten.
c) Inventuren durchführen, ein Inventar unter Anleitung erstellen.
d) Zahlungsvorgänge bearbeiten.
e) Kostenbewusstes Einsetzen von Materialien und Gebrauchsgütern begründen.
f) Kosten und Erträge erbrachter Dienstleistungen am Beispiel errechnen.
g) Verkaufspreise nach betrieblichem Kalkulationsschema ermitteln.

Werbung und Verkaufsförderung (12 Wochen)
a) Werbemittel und Werbeträger unterscheiden und für die Werbung des Ausbildungsbetriebs einsetzen.
b) Verkaufsfördernde Maßnahmen vorbereiten.
c) Bei Werbeaktionen mitwirken.
d) Anlassbezogene Dekorationen ausführen.
e) Werbewirksame Angebote erstellen.

Wirtschaftsdienst (12 Wochen)
a) Gästeräume angebots- und anlassbezogen herrichten.
b) Gästeräume reinigen und pflegen.

Nachstehende Inhalte sind während der besonderen beruflichen Fachbildung im 3. Ausbildungsjahr zu vermitteln:

Umgang mit Gästen, Beratung und Verkauf (14 Wochen)
a) Anfragen bearbeiten und Angebote erstellen.
b) Aufträge bestätigen und bearbeiten.
c) Beratungs- und Verkaufsgespräche führen.

Empfang (14 Wochen)
a) Reservierungspläne bearbeiten und Zimmerbelegung festlegen.
b) Informations- und Kommunikationstechniken aufgabenorientiert einsetzen.
c) Korrespondenz führen.
d) Gästeaufträge ausführen.
e) Erbrachte Leistungen buchen.
f) Gastrechnung erstellen und abrechnen.
g) Hotelkasse führen und abrechnen.
h) Mit Reisebüros und Veranstaltern abrechnen.
i) Einfache Auskünfte in einer Fremdsprache erteilen.
k) Währungen umrechnen.

Marketing (12 Wochen)
a) Marketingmaßnahmen entwickeln und durchführen.
b) Ergebnisse von Marketingmaßnahmen kontrollieren.
c) Maßnahmen zur Öffentlichkeitsarbeit durchführen.

Wirtschaftsdienst (12 Wochen)
a) Bereichsbezogenen Personaleinsatz planen.
b) Kontrollarbeiten unter Verwendung von Organisationsmitteln ausführen.

Am Ende eines jeden Ausbildungsabschnitts sollen Ausbilder und Auszubildende gemeinsam alle Lernziele der Liste durchgehen und diejenigen ankreuzen, die dem Auszubildenden gründlich erklärt wurden und die er auf Grund dieser Unterweisungen geübt hat. Mit ihren Handzeichen bestätigen beide Seiten danach, dass die angekreuzten Positionen tatsächlich vermittelt worden sind.

4 | Das Führen von Ausbildungsnachweisen (Berichtsheft)

Die Berichtsheftführung ist ein wesentlicher Bestandteil der Lehre und somit auch in der Ausbildungsordnung geregelt.

Die Berichte dienen der Systematisierung der Berufsausbildung und haben zum Ziel, den zeitlichen und sachlichen Ablauf der Ausbildung für alle Beteiligten – Lehrling, Lehrbetrieb, Berufsschule und gesetzliche Vertreter des Auszubildenden – in möglichst einfacher Form nachzuweisen. Der Bericht muss vom Auszubildenden mindestens wöchentlich und während der Arbeitszeit geführt werden. Der Lehrherr oder der Ausbilder hat den Ausbildungsnachweis wenigstens monatlich zu prüfen und abzuzeichnen. Er und der Auszubildende haben außerdem dafür Sorge zu tragen, dass auch der gesetzliche Vertreter des minderjährigen Lehrlings in angemessenen Zeitabständen von den Ausbildungsnachweisen Kenntnis erhält und diese unterschriftlich bestätigt.

Die Ausbildungsordnung schreibt vor, dass das Führen von Ausbildungsnachweisen eine Zulassungsvoraussetzung zur Abschlussprüfung ist und die Berichte bei der Abschlussprüfung vom Auszubildenden dem Prüfungsausschuss vorzulegen sind, der allerdings keine Bewertung der Berichtshefte vornimmt.

In einigen Kammerbezirken werden die Lehrlinge von der IHK mit der Einladung zur Prüfung aufgefordert, die Berichtshefte vorher dem Vorsitzenden der Kommission zuzusenden. In diesen Fällen empfiehlt es sich, die Ausbildungsnachweise per Einschreiben zu verschicken oder sie sogar persönlich zu überbringen.

Berichtsheftführung

Das Berichtsheft ist wie eine Visitenkarte des Auszubildenden anzusehen. Die Blätter in der Mappe müssen chronologisch geordnet und vollständig sein. Bei einer Regelausbildungszeit von 3 Jahren und wöchentlicher Berichtsheftführung müssen bei der Abschlussprüfung etwa 130 Berichte vorgelegt werden.

Es versteht sich von selbst, dass die Blätter keine Eselsohren oder Flecken aufweisen dürfen sowie sauber und fehlerfrei beschriftet sein sollten.

Die Vordrucke der Ausbildungsnachweise sind inhaltlich in 3 Bereiche unterteilt:

1. Betriebliche Tätigkeit

Für den Nachweis genügen kurze Angaben der ausgeübten Tätigkeiten einschließlich der Werkstoffangabe, der eingesetzten Maschinen, Werkzeuge und Hilfsmittel (Prüfzeuge).

Zum Beispiel Herrichten des Zimmers eines abgereisten Übernachtungsgastes.

2. Themen von Unterweisungen, Lehrgesprächen, betrieblichem Unterricht und außerbetrieblichen Schulungsveranstaltungen

Zum Beispiel praktische Unterweisung: Das fachgerechte Beziehen eines Gästebetts.

3. Berufsschule (Themen des Unterrichts in den einzelnen Fächern)

Zum Beispiel Wirtschaftsdienst: Reinigungs- und Pflegemittel nach ökonomischen und ökologischen Kriterien aussuchen.

Möchte man über die geforderten Pflichtinhalte hinaus das Berichtsheft mit weiteren Inhalten bereichern, so kann man der Mappe an entsprechender Stelle Abhandlungen über Fachthemen, Bilder, Zeichnungen und Broschüren aus den verschiedensten Bereichen (z. B. über Wäschepflege, Tafelformen, Wein, Spirituosen, Reservierungssysteme oder Inventurlisten) beifügen und hat dann auch nach der Ausbildung ein kleines fachbezogenes Nachschlagewerk.

Das digitale Berichtsheft

Viele Industrie- und Handelskammern bieten den Auszubildenden die Möglichkeit, die Formulare der Ausbildungsnachweise aus dem Internet herunterzuladen, als Vorlage zum Ausfüllen zu verwenden und anschließend auszudrucken.

Ein Beispiel für die wöchentliche Berichtsheftführung mit Besuch der Berufsschule im Blockunterricht zeigen die folgenden Seiten.

Berichtsheft
(Ausbildungsnachweis für die Berufsausbildung)

Name, Vorname	Schmidt, Andrea
Geburtsort	A-Dorf Geburtsdatum 15.08.XX
Anschrift	B-Stadt
Ausbildungsberuf (nach Berufsbild)	Hotelfachfrau
Ausbildungsfirma	Hotel-Restaurant „Krone" in B-Stadt
Geschäftszweig	Hotel- und Gaststättengewerbe
Vertragliche Ausbildungszeit vom	1.09.XX bis 31.08.XX
Berufsausbildungsvertrag abgeschlossen am	2.7.XX
und eingetragen in das Verzeichnis der Berufsausbildungsverhältnisse der IHK am	16.7.XX

Kurzbericht über Schulbildung und vorangegangene berufliche Tätigkeiten vor Antritt der Ausbildung

Als Anlage beigefügt

Muster

Gesetzlicher Vertreter des Auszubildenden

Name	
Beruf	
Anschrift	
Unterschrift der Eltern bzw. der gesetzlichen Vertreter	

Anmerkung: Das Berufsbild gibt Aufschluss über den Umfang der Fertigkeiten und Kenntnisse, die in der Ausbildungszeit vermittelt werden. Es kann von der IHK bezogen werden und ist dem Ausdruck des Berichtsheftes beizufügen.

Ausbildungsgang

Abteilung (Arbeitsgebiet oder Sparte)	Dauer vom	Dauer bis	Unterschrift des Abteilungsleiters oder des Ausbildenden
Magazin und Getränkeausgabe (Büfett)	01.09.XX	14.11.XX	Schulz
Berufsschule	15.11.XX	22.12.XX	
Küche	23.12.XX	31.01.XX	Neumann
Frühstücksservice	01.02.XX	06.03.XX	Meier
Berufsschule	07.03.XX	22.04.XX	
Etage	25.04.XX	31.07.XX	Klein
Urlaub	01.08.XX	21.08.XX	
Restaurant	22.08.XX	13.11.XX	Meier

Ausbildungsnachweis Nr. 36   für die Zeit vom 07.03.XX   bis 22.04.XX
Abteilung oder Arbeitsgebiet: **Berufsschule**   Datum: 22.04.XX

Betriebliche Tätigkeit

Themen von Unterweisungen, Lehrgesprächen, betrieblichem Unterricht und außerbetrieblichen Schulungsveranstaltungen

Berufsschule (Themen des Unterrichts in den einzelnen Fächern)

<u>Produkte und gastorientierte Dienstleistungen:</u> Verständnis für die technologische Bedeutung des Lebensmittel-Bestandteils Fett
<u>Warenwirtschaft:</u> Warenausgabe
<u>Wirtschaftskunde:</u> Haftung und Schadenersatz
<u>Gemeinschaftskunde:</u> Grenzen des Sozialstaats (Missbrauch, Eigeninitiative, Selbsthilfegruppen)
<u>Deutsch:</u> Übungen zur Grammatik, Rechtschreibung, Zeichensetzung
<u>Englisch:</u> Meals: Breakfast, Food and Beverages, Breakfast Table
<u>EDV:</u> Standardsoftware Tabellenkalkulation, Grundlagen, Texte, Zahlen, Funktionen
<u>Technologiepraktikum/Küche:</u> Backen im Fett und überbacken
<u>Technologiepraktikum/Labor:</u> Versuche zu Fetten
<u>Technologiepraktikum/Service:</u> Servierregeln, Tragetechniken, Verhalten gegenüber Gästen, einfache Verkaufsgespräche führen

Unterschriften:

Schmidt

Auszubildender   Ausbilder   Gesetzlicher Vertreter   Sonstige Sichtvermerke

Ausbildungsnachweis Nr. 40	für die Zeit vom 25.04.XX	bis 31.07.XX
Abteilung oder Arbeitsgebiet: **Etage**		Datum: 01.08.XX

Betriebliche Tätigkeit

Auffüllen des Zimmermädchenwagens
Reinigen von Abreise- und Bleibezimmern
Bett- und Frotteewäsche tauschen und in die Wäscheschränke
im Etagenoffice einräumen
Hotelzimmerflure und Treppenhaus reinigen

Themen von Unterweisungen, Lehrgesprächen, betrieblichem Unterricht und außerbetrieblichen Schulungsveranstaltungen

Unterweisung: Das Bestücken der Minibar im Gästezimmer

Berufsschule (Themen des Unterrichts in den einzelnen Fächern)

Unterschriften:

Schmidt   *Klein*

| Auszubildender | Ausbilder | Gesetzlicher Vertreter | Sonstige Sichtvermerke |

Der Berufsschulunterricht und die Berichtsheftführung

Sowohl die praktische wie auch die theoretische Berufsausbildung ist im dualen Ausbildungssystem in Deutschland bundeseinheitlich geregelt. Die praktische Ausbildung im Betrieb basiert auf der in Kapitel 2 beschriebenen Ausbildungsordnung.

Die theoretischen Ausbildungsinhalte, die an den beruflichen Schulen vermittelt werden, sind im Rahmenlehrplan durch Beschluss der Kultusministerkonferenz vom 5. Dezember 1997 festgelegt. Der Lehrplan baut grundsätzlich auf den Hauptschulabschluss auf, beschreibt Mindestanforderungen und ist in eine berufsfeldbreite Grundbildung und eine darauf aufbauende Fachbildung gegliedert. Der Rahmenlehrplan enthält keine methodischen Festlegungen für den Unterricht und ist in die folgenden Lernfelder eingeteilt:

1. Ausbildungsjahr
- Arbeiten in der Küche
- Arbeiten im Service
- Arbeiten im Magazin

2. Ausbildungsjahr
- Beratung und Verkauf im Restaurant
- Marketing
- Wirtschaftsdienst
- Warenwirtschaft

3. Ausbildungsjahr
- Arbeiten im Empfangsbereich
- Arbeiten im Verkauf
- Arbeiten im Marketingbereich
- Führungsaufgaben im Wirtschaftsdienst

Die Bundesländer übernehmen den Rahmenlehrplan unmittelbar oder setzen ihn in eigene Lehrpläne um. Diese sind wiederum die Grundlage für die Stoffverteilungspläne und Fächer der einzelnen Berufsschulen.

Bei der zeitlichen Organisation des Berufsschulunterrichts gibt es, je nach Bundesland unterschiedlich, zwei Systeme. Entweder besuchen die Auszubildenden die Berufsschule in Blöcken von 9 bis 12 Wochen pro Schuljahr oder an 1 bis 2 Tagen jeder Schulwoche.

Beim Führen der Berichtshefte sind die Ausbildungsnachweise auch auf diese zeitliche Einteilung des Schulbesuchs abzustimmen und die Vordrucke entsprechend auszufüllen.

Das vorstehende Beispiel zeigt die Gestaltung eines Wochenberichts für die betriebliche Ausbildung und einen separaten Ausbildungsnachweis für den Berufsschulbesuch bei Blockunterricht.

Im anderen Fall können die Fächer und Unterrichtsthemen auf dem gleichen Blatt eingetragen werden.

IHK-Richtlinien für das Führen von Berichtsheften in Form von Ausbildungsnachweisen

1. Der zeitliche und sachliche Ablauf der Ausbildung ist für alle Beteiligten – Auszubildende, Ausbildungsstätte, Berufsschule und gesetzliche Vertreter des Auszubildenden – in möglichst einfacher Form nachzuweisen (Ausbildungsnachweis).
2. Den Ausbildungsnachweisen sind die Ausbildungsordnungen bzw. die noch weiter anzuwendenden Ordnungsmittel (§ 108 BBiG) zugrunde zu legen. Der Ausbildungsnachweis dient der Systematisierung der Berufsausbildung.
3. Der Ausbildungsnachweis muss vom Auszubildenden mindestens wöchentlich geführt werden. Der Ausbildende oder der Ausbilder hat den Ausbildungsnachweis mindestens monatlich zu prüfen und abzuzeichnen. Er und der Auszubildende haben dafür Sorge zu tragen, dass auch der gesetzliche Vertreter des minderjährigen Auszubildenden in angemessenen Zeitabständen von den Ausbildungsnachweisen Kenntnis erhält und diese unterschriftlich bestätigt.
4. Der Auszubildende führt den Ausbildungsnachweis während der Ausbildungszeit.
5. Das Führen von Ausbildungsnachweisen ist Zulassungsvoraussetzung zur Ausbildungsabschlussprüfung gemäß § 39 Abs. 1 Ziff. 2 BBiG. Der Ausbildungsnachweis ist bei der Abschlussprüfung vom Auszubildenden vorzulegen.
Eine Bewertung in der Abschlussprüfung erfolgt nicht.

5 | Das Phänomen Prüfungsangst und die Vorbereitung auf die Abschlussprüfung

Bei vielen Auszubildenden entstehen – häufig im letzten Lehrjahr – Ängste, die eine Reaktion auf die bevorstehende Prüfung darstellen. Prüfungsangst ist ein komplexes und weit verbreitetes Phänomen, das im Kopf entsteht und verschiedene Einflüsse auf die Befindlichkeiten des Menschen hat. Der Prüfling macht sich Gedanken und Vorstellungen von den Gefahren (z. B. ein mögliches Scheitern), die von der kommenden Prüfung ausgehen, erlebt die Angst als Bedrohung und spürt dabei körperliche Erregung, Nervosität und Anspannung.

Die Symptome und ihr Erscheinungsbild

Die Prüfungsangst und die damit einhergehenden unangenehmen Gefühle können Störungen in den vegetativen Funktionsbereichen, wie Atmung, Herz und Kreislauf, verursachen und sich auch in sichtbaren Reaktionen der Haut, vom Erröten oder Erblassen bis hin zu krankhaften Hautveränderungen mit Neurodermitis-Symptomen ausdrücken.

Die Angst wird sichtbar und spürbar an der Motorik, z. B. durch hektische Bewegungen, Zittern oder auch verlangsamte Reaktionen, wirkt sich störend auf den Verdauungsapparat aus und kann Schlafstörungen mit sich bringen. Angst kann sich in Stimmungsveränderungen, die von Depression oder Wut geprägt sind, ausdrücken und Konzentration, Gedächtnis und Sprache beeinträchtigen. Prüfungsangst kann sogar das Sozialverhalten beeinflussen und zu sozialem Rückzug und zu Beziehungskrisen führen.

Die körperlichen Aspekte

Von der biologischen Seite her betrachtet, signalisiert die Angst Gefahr, aktiviert den Organismus und ermöglicht dadurch eine Anpassungs- und Fluchtreaktion. Damit ist sie eine sinnvolle Reaktion, die das Überleben sichert. Besonders bei plötzlich auftretenden Bedrohungen und Gefahren werden mit der Angst über das vegetative Nervensystem bestimmte physiologische Reaktionen hervorgerufen, die den Organismus in Kampfbereitschaft versetzen. So werden Herz und Kreislauf aktiviert und die Verdauungsfunktionen gedrosselt. Durch die Ausschüttung von Glykogen wird Energie verfügbar, die Wahrnehmung geschärft und das

Bewusstsein wach und klar. So hat die Prüfungsangst, die auf das gleiche Erregungsmuster zurückgeht, durch den beschriebenen physiologischen Zustand auch eine durchaus positive Funktion. Sie mobilisiert Energien, schärft die Aufmerksamkeit und macht reaktionsbereit. Dieses gewisse Maß an Aufregung und Anspannung – dem Lampenfieber bei vielen Schauspielern vergleichbar – ist notwendig, um eine gute Leistung zu erreichen. Für die Bewältigung von Prüfungssituationen sind einerseits ein klares Bewusstsein und Handlungsbereitschaft, andererseits aber auch eine gewisse Ruhe und Gelassenheit erforderlich.

Man sollte versuchen, den Erregungspegel – auch im Vorfeld der anstehenden Prüfung – auf ein mittleres und damit positives Niveau zu bringen.

Die psychologischen Faktoren

Es ist vor allem die subjektive Einschätzung der Gefahren und der Bedrohung, die über das Ausmaß von Prüfungsangst entscheidet. Sie ist vom Kandidaten abhängig, von seinen Gedanken und Vorstellungen über die Prüfung und von sich selbst. Sind diese Auffassungen zu sehr auf sich und die eigenen Mängel gerichtet, wird die persönliche Besorgtheit („Ich werde beim Gespräch mit dem Prüfer kein Wort herausbringen", „Der Prüfer wird bestimmt merken, dass ich zu wenig kann") und damit die Angst verstärkt.

Besonders anfällig für Prüfungsangst sind Personen, deren Handeln von „Furcht vor Misserfolg" und nicht von der „Hoffnung auf Erfolg" bestimmt wird. Auch bei Menschen, die generell hohe Ansprüche an die eigene Leistung haben und sich selbst sehr streng beurteilen, wird die Angst, in der Prüfung zu versagen, stärker ausfallen.

Obwohl es in Examen – objektiv betrachtet – um die Bewertung von Leistung geht, wird von vielen Kandidaten darin wesentlich mehr gesehen, nämlich die Beurteilung der eigenen Intelligenz oder der Fähigkeiten schlechthin. Dadurch bezieht sich die angenommene Bewertung auf die ganze Person und stellt somit die Selbstachtung und das Selbstwertgefühl in Frage. So wird Prüfungsangst zur Bewertungsangst und kann Empfindungen der eigenen Unzulänglichkeit und Versagensängste hervorrufen sowie Schuld- und Schamgefühle nach sich ziehen. Man schämt sich, vor den Prüfern und den Mitprüflingen „schlecht dazustehen", und fühlt sich dafür schuldig, die Erwartungen der Ausbilder oder auch des Partners enttäuschen zu müssen.

Ein wesentlicher Schritt zum Abbau von Prüfungsangst besteht also darin, sie sich bewusst zu machen und zu erkennen, dass in der Prüfung nicht die Wertigkeit der Person, sondern einzelne fachliche Leistungen beurteilt werden. Diese wiederum sind erlernbar, können vorher geübt und bis zur Prüfung beherrscht werden.

Der Angstfaktor Prüfer

Prüfungskandidaten beschreiben im Rahmen ihrer Angstphantasien folgendes „idealtypische" Bild des Prüfers:

- Ist männlich und an Wissen ungeheuer überlegen.
- Hat eine Machtposition und extrem hohe Erwartungen.
- Ist unerbittlich streng und entscheidet über Sieg oder Niederlage.
- Hat böse Absichten, er lauert z. B. darauf, Schwächen des Kandidaten zu entdecken und ihn durchfallen zu lassen.

Dieses Bild scheint weniger die Realität widerzuspiegeln als vielmehr von dem inneren Bild einer strafenden väterlichen Autorität geprägt zu sein. Die Rolle und der Status des Prüfers werden vom Prüfling überhöht wahrgenommen und dessen Macht wesentlich überschätzt.

Die Gedanken, die man sich über das mögliche Verhalten des Prüfers macht, verstärken den Sorgenfaktor des Kandidaten. Er macht sich dadurch abhängig von dessen Verhalten und nimmt eine für sich passive Rolle ein.

Um Prüfungsangst einzudämmen sollte man sich auf die Gestaltungsmöglichkeiten einer aktiven und selbstbestimmten Rolle als Prüfungskandidat besinnen und versuchen, die Berechenbarkeit des Prüferverhaltens, die Einschätzbarkeit seiner Beurteilungskriterien sowie die Vorhersehbarkeit seiner Fragen zu erforschen. Dazu kann es ratsam erscheinen, nicht bloß zu versuchen, den Prüfbetrieb (z. B. durch einen Besuch vor der Prüfung) kennen zu lernen, sondern auch Informationen darüber einzuholen, von wem man geprüft wird.

Nur selten werden die Prüflinge vor der Prüfung gezielt zu einer Informationsveranstaltung eingeladen, bei der beispielsweise auch der Ablauf der Prüfung erläutert wird und spezielle Anforderungen bekannt gegeben werden.

Der Abbau und die Bewältigung von Prüfungsangst

Nachstehende Punkte können dabei hilfreich sein, Prüfungsängste zu bewältigen:
- Selbstbeobachtung, Selbsterkenntnis und Erforschung der eigenen Gefühle.
- Die eigene Prüfungsangst genauer kennen lernen, akzeptieren und auf das rechte Maß gedrosselt als Anregung zur Leistungsmotivation nutzen.
- Realistische Einschätzung und Beurteilung der durch die Prüfung drohenden Gefahren und der eigenen Fähigkeiten.
- Gegenüberstellung dieser objektiven Gefahren und subjektiven Befähigungen.
- Eigene Fähigkeiten und Strategien verbessern, damit die positiven Kräfte stärken und sich eine erfolgsorientierte Prüfungsmotivation aufbauen.

Die Vorbereitung auf die Abschlussprüfung

Grundsätzlich kann die gesamte Ausbildungszeit an den beiden Lernorten Betrieb und Berufsschule als langfristige und ständige Vorbereitung auf das Erreichen des Ziels „Bestehen der Abschlussprüfung mit dem bestmöglichen Erfolg" angesehen werden. Die konzentrierte Aufnahme von Kenntnissen und das Auffassen und Anwenden von Fertigkeiten während der Lehrzeit sind die Basis für das Erreichen dieses Ausbildungsziels.

Die Erfahrung lehrt, dass mit den gezielten Vorbereitungen auf die Abschlussprüfung meistens sehr spät begonnen wird und damit der Zeitdruck als negative Komponente die Vorbereitungsarbeiten zusätzlich belasten kann.

Besonders deutlich wird dies in der Zeit vor der schriftlichen Prüfung, wo noch alle möglichen Fachinhalte gelernt werden müssen. Am Beispiel des Berufsschulunterrichts mit seinen „kleinen Prüfungen" (den Klassenarbeiten) wird der Wert der „Vorbereitung von Anfang an" deutlich.

Der eine kann durch Aufmerksamkeit und aktive Mitarbeit im Unterricht den Stoff weitestgehend aufnehmen und die Vorbereitung auf die Klassenarbeit zur Festigung und Vertiefung nutzen. Der andere muss zur Vorbereitung auf die Klausur – meist auch noch unter Zeitdruck – intensiv pauken, um die Lerndefizite aus dem Unterricht auszugleichen.

Höchstmöglicher Erfolg in der „zweidimensionalen" Prüfung (schriftlich und praktisch) erfordert eine durchdachte Vorbereitungsplanung für beide Bereiche.

Als erster Schritt ist zu recherchieren, welche Prüfungsanforderungen gestellt werden. Je besser man den „Riesenberg Prüfungsanforderungen" kennt, umso eher kann man in der Vorbereitungsphase daraus einen begehbaren Berg machen und Touren und Etappenziele festlegen, die auf den Gipfel führen.

Der zweite Schritt erfordert eine Bestandsaufnahme der eigenen Voraussetzungen mit allen Stärken und Schwächen. Dabei sollte man sich bewusst machen, wie gut der tatsächliche Wissensstand ist und welche Lücken noch existieren. Die Anfertigung einer genauen Liste der Kenntnisse und der Lücken kann dazu sehr hilfreich sein.

Im dritten Schritt können die noch zu erlernenden Inhalte dann in der Vorbereitungsphase gezielt Thema für Thema bearbeitet und damit gefestigt werden. Es sollte überlegt werden, welche Quellen (z. B. Fachliteratur) dazu hilfreich erscheinen, die Wissenslücken noch rechtzeitig zu schließen. Auch die Rahmenbedingungen für das erweiterte und vertiefende Studium spezieller fachlicher Inhalte (Was? Wann? Wo? Wie lange jeweils?) sind von entscheidender Bedeutung für den Lernerfolg.

Der vierte Schritt bezieht sich dann noch auf die Verbesserungen persönlicher Fähigkeiten im praktischen Bereich. Die in der Prüfung verlangten praktischen Fertigkeiten sollten vom Kandidaten beherrscht werden, was nur durch vorheriges Üben erreicht werden kann. Dazu bietet die gesamte betriebliche Ausbildung die Gelegenheit, sie muss nur genutzt werden.

Hat man die Vorbereitungszeit, wie beschrieben, optimal genutzt, werden auch die letzten Tage vor der Prüfung nicht mehr so stark von der Prüfungsangst geprägt sein, und man kann mit Zuversicht der Abschlussprüfung entgegensehen. Für die Gestaltung der letzten Tage gibt es kein Patentrezept. Mitmenschen, die einen „verrückt" machen, sollte man meiden und stattdessen die Gesellschaft von Freunden und Bekannten suchen, die einen ermuntern und aufbauen.

In erster Linie sollte dieser Zeitraum – je nach den individuellen Möglichkeiten des Kandidaten – etwas Ruhe und Abstand bieten. Ist es doch noch erforderlich, in dieser Zeit zu lernen, sollten die Grenzen der Aufnahmekapazität (mehr als 6 Stunden pro Tag) nicht überschritten werden. Ausreichend langer Schlaf, Sport und das Sichgönnen von Annehmlichkeiten sollten eingeplant werden. Dies sorgt für eine gute körperlich-seelische Verfassung.

6 Der Prüfungsablauf, Zeit- und Arbeitsmanagement

Die Durchführung der Abschlussprüfung für die auszubildenden Hotelfachleute obliegt den Industrie- und Handelskammern und den von ihnen berufenen Prüfungsausschüssen.

Die Ausbildungsordnung schreibt vor, dass die Abschlussprüfung schriftlich und praktisch durchzuführen ist.

Die schriftliche Prüfung

Dieser erste Examensteil wird am Ende der Berufsschulzeit, bei Blockbeschulung am Ende des letzten Schulblocks, meist an der Berufsschule durchgeführt. Geprüft werden die Fächer Gästeempfang und -beratung, Marketing und Arbeitsorganisation sowie Wirtschafts- und Sozialkunde. Die zeitlichen Höchstwerte betragen im Bereich Wirtschafts- und Sozialkunde 60 Minuten, in den beiden anderen Bereichen jeweils 90 Minuten. Außerdem werden im Rahmen der landeseinheitlichen Abschlussprüfung für alle Berufe die schriftlichen Examen in den Fächern Deutsch und Gemeinschaftskunde abgelegt.

Sind nach der Auswertung der schriftlichen Prüfung die Leistungen in bis zu zwei Bereichen mit „mangelhaft" und in den übrigen Prüfungsbereichen mit mindestens „ausreichend" bewertet worden, so ist auf Antrag des Kandidaten oder nach Ermessen des Prüfungsausschusses in einem mit „mangelhaft" bewerteten Bereich das schriftliche Examen durch eine mündliche Prüfung von etwa 15 Minuten zu ergänzen, wenn diese für das Bestehen der Prüfung den Ausschlag geben kann. Der Prüfungsbereich ist vom Kandidaten zu bestimmen. Die mündliche Ergänzungsprüfung wird üblicherweise zum Termin der praktischen Prüfung durchgeführt.

Die praktische Prüfung

Die zweite Hälfte der Abschlussprüfung wird normalerweise an zwei verschiedenen Terminen durchgeführt und umfasst die komplexe Prüfungsaufgabe (schriftlich zu einem separaten Termin), die die Grundlage für ein gastorientiertes Gespräch (mündlich am Tag der praktischen Prüfung) ist. An diesem letzten Tag werden auch die weiteren praktischen Aufgaben – das Erarbeiten einer Prüfliste, Kontrollieren und Herrichten eines Gastraums anhand der Prüfliste, Arbeiten am Empfang, das Bearbeiten einer Reklamation oder das Servieren von Speisen und Getränken – gestellt und durchgeführt.

Die zeitlichen Richtwerte betragen für die Bearbeitung der komplexen Prüfungsaufgabe mit dem gastorientierten Gespräch (anteilig 20 Minuten) insgesamt höchstens 3 Stunden und für die Bearbeitung der beiden weiteren praktischen Aufgaben nochmals 3 Stunden. Diese Zeitvorgaben sind reine Prüfungszeiten ohne Pausen und Wartezeiten.

Persönliches Zeit- und Arbeitsmanagement in der Prüfung

„Wer zu spät kommt, den bestraft der Prüfungsausschuss!" So oder so ähnlich könnte die Überschrift für den Abschnitt über das persönliche Zeitmanagement der Kandidaten in der Abschlussprüfung lauten. Das Zu-spät-Kommen zu einem der Examensteile ist ein vermeidbarer Fehler, der negative Auswirkungen auf die zu erbringende Leistung haben kann und außerdem einen ersten schlechten Eindruck bei der Prüfungskommission hinterlässt. Es empfiehlt sich also, rechtzeitig von zu Hause aufzubrechen und für den Anfahrtsweg auch mögliche Staus und Behinderungen mit einzukalkulieren.

Kann eine Verspätung nicht verhindert werden, so ist darüber umgehend der Ausschuss am Prüfungsort (die Telefonnummer sollte man dabeihaben) zu informieren, er entscheidet dann auch über die verspätete Teilnahme an der Abschlussprüfung. Das Gleiche gilt im Falle einer Verhinderung durch Krankheit des Kandidaten. In schriftlichen Examen werden bei diesen Ausnahmefällen häufig Nachprüfungen organisiert.

Vor Beginn aller einzelnen Prüfungsteile werden die Kandidaten vom Prüfungsausschuss bzw. von der Aufsicht führenden Person (bei schriftlichen Examen) zunächst gefragt ob, sie sich gesund und in der Lage fühlen, die Prüfungen abzulegen, da nachträgliche Krankmeldungen nicht anerkannt werden können. Sie werden außerdem darüber belehrt, dass Täuschungsversuche zum Ausschluss und damit zum Nichtbestehen führen.

Auch das Mitführen eines Handys im Prüfungsraum wird heutzutage als Möglichkeit zum Täuschungsversuch angesehen und ist deshalb vor allem in schriftlichen Examen verboten.

Nach dem Verteilen der Aufgaben sollte man sich diese als Erstes vollständig durchlesen, um sie zu erfassen und zu verstehen. In der Aufgabenstellung angekündigte Bearbeitungsblätter müssen vorhanden sein. Bei etwaigen Unstimmigkeiten sollte man sich nicht scheuen, die Aufsicht führende Person zu informieren.

Um die vorgesehenen Bearbeitungszeiten optimal nutzen und einhalten zu können, ist das Tragen einer Armbanduhr ratsam. Hat der Prüfling seine Aufgaben vor Ende der vorgegebenen Zeit vollständig bearbeitet, sollte er die restliche Zeit dennoch ausnützen und sich die Aufgaben sowie das Geschriebene nochmals komplett durchlesen und gegebenenfalls Ergänzungen und Änderungen anbringen.

Auch bei den praktischen Prüfungsteilen ist pünktliches Erscheinen oberstes Gebot.

Besondere Aufmerksamkeit sollte man als Kandidat auch dem eigenen äußeren Erscheinungsbild widmen. Schon bei der Einladung durch die Industrie- und Handelskammer wird man aufgefordert, am Prüfungstag in Berufskleidung zu erscheinen.

Die Kleidung (üblicherweise die Serviceuniform, die man während der betrieblichen Ausbildung trägt, oder das klassische Schwarz-Weiß) sollte in tadellosem Zustand und korrekt sein. Dazu gehören vor allem einwandfrei gebügelte Blusen bzw. Hemden (nicht mit kurzen Ärmeln!) und gut geputzte Schuhe.

Wie während der praktischen Tätigkeit im Betrieb, so ist auch in der Prüfung das Tragen von übertriebenem Schmuck, Parfüm bzw. Make-up zu vermeiden.

Darüber hinaus ist es selbstverständlich, auch das entsprechende Handwerkszeug, wie beispielsweise ein Kellnerbesteck, Streichhölzer und Schreibutensilien, bei der Prüfung dabeizuhaben. Bei sonstigen benötigten Arbeitsmaterialien werden die Kandidaten bereits in der Einladung aufgefordert, diese Gegenstände mitzubringen.

Übersicht des Ablaufs der Abschlussprüfung

Schriftliche Prüfung

Prüfungsfächer:
- **Gästeempfang und -beratung**
- **Marketing und Arbeitsorganisation**
- **Wirtschafts- und Sozialkunde**
- Deutsch
- Gemeinschaftskunde

Schriftliche Prüfung mit „ausreichend" bestanden bei Erreichen von mindestens 50 Punkten.

Korrekturzeit

Praktische Prüfung

Komplexe Prüfungsaufgabe (Teil A) (schriftlich)

Korrekturzeit (1 bis 2 Wochen)

Komplexe Prüfungsaufgabe (Teil B)
Führen eines gastorientierten Verkaufsgesprächs auf der Basis der komplexen Prüfungsaufgabe.

2 weitere praktische Prüfungsaufgaben aus den Gebieten

Erarbeiten einer Prüfliste, Kontrollieren und Herrichten eines Gastraums anhand der Prüfliste

Arbeiten am Empfang

Bearbeiten einer Reklamation

Servieren von Speisen und Getränken

Praktische Prüfung mit „ausreichend" bestanden bei Erreichen von mindestens 50 Punkten.

7 | Musteraufgaben für die komplexe Prüfungsaufgabe

Seit der Neuordnung des Ausbildungsberufs Hotelfachfrau/-fachmann sieht die Ausbildungsordnung als Pflichtteil der praktischen Prüfung die Bearbeitung einer komplexen Aufgabe vor.

Der Ausschuss entwickelt und beschließt eine schriftliche Aufgabe zur Planung einer verkaufsfördernden Maßnahme, die zu einem Prüfungstermin für alle Teilnehmer gleich ist.

In insgesamt 3 Stunden hat der Kandidat folgende Arbeiten in schriftlicher und mündlicher Form auszuführen:
- Ablaufplan erstellen
- Liste mit Werbemitteln und Werbeträgern erstellen
- Möglichkeiten der Erfolgskontrolle aufzeigen
- Ein gastorientiertes Gespräch führen

Der schriftliche Teil der komplexen Prüfungsaufgabe ist also Ausgangspunkt für ein gastorientiertes Gespräch, in dem der Auszubildende zeigen soll, dass er Leistungen anbieten und verkaufen kann (siehe auch nächstes Kapitel).

Dabei wird auf die Prüfungsanforderungen der folgenden Bereiche Bezug genommen:

Marketing
- Marketingmaßnahmen entwickeln und durchführen
- Ergebnisse von Marketingmaßnahmen kontrollieren
- Maßnahmen zur Öffentlichkeitsarbeit durchführen

Werbung und Verkaufsförderung
- Werbemittel und Werbeträger unterscheiden und für die Werbung des Ausbildungsbetriebs einsetzen
- Verkaufsfördernde Maßnahmen vorbereiten
- Bei Werbeaktionen mitwirken
- Anlassbezogene Dekorationen ausführen
- Werbewirksame Angebote erstellen

Büroorganisation und -kommunikation
- Arbeitsplatzbezogene schriftliche Arbeiten ausführen
- Schriftstücke registrieren und ablegen
- Karteien und Dateien führen und zur Erfüllung von Arbeitsaufgaben einsetzen; Daten sichern
- Gesetzliche und betriebliche Regelungen zum Datenschutz anwenden

Wirtschaftsdienst
- Gästeräume angebots- und anlassbezogen herrichten
- Gästeräume reinigen und pflegen
- Bereichsbezogenen Personaleinsatz planen
- Kontrollarbeiten unter Verwendung von Organisationsmitteln planen

Die Aufgabe wird meistens mit einer Fallstudie eingeleitet, und der dann folgende Arbeitsauftrag gliedert sich größtenteils in 3 Teile, die den oben erwähnten Mindestanforderungen entsprechen.

Die größten Variationsmöglichkeiten ergeben sich bei den Fallbeispielen und den Arbeitsaufträgen für den A-Teil, während für die anderen beiden Teile die Aufgabenstellungen durch die konkreten Anforderungen der Ausbildungsordnung (Werbemittel, Werbeträger und Erfolgskontrolle) nicht so stark verändert werden können.

Die Lösungsvorschläge für die folgenden Fallbeispiele finden Sie ab Seite 81.

Aufgabe 1

Ausgangssituation

In Ihrem Hotel, das am Rande einer Großstadt gelegen ist, beträgt die Zimmerbelegung für die Wochenenden der Monate Juni, Juli und August laut der Reservierungsvorschau nur 30 Prozent im Durchschnitt. Aus diesem Grund bittet Sie Ihr Vorgesetzter, durch Gestaltung einer verkaufsfördernden Maßnahme die Buchungszahlen zu steigern.

Aufgabenstellung

A Maßnahmenplanung

1. Gestalten Sie den Programmablauf für ein „Erlebniswochenende" in Ihrem Hotel.
2. Beschreiben Sie detailliert eine Abendveranstaltung im Rahmen des Wochenendprogramms. Berücksichtigen Sie dabei auch die F&B-Dienstleistungen (Speisen und Getränke) Ihres Hauses.
3. Erläutern Sie außerdem einen speziellen Event, der für diese Wochenenden außerhalb Ihres Hotels angeboten wird.

B Werbung

1. Da Sie Ihr Erlebnisarrangement einem breiten Publikum anbieten wollen, entwerfen Sie die Skizze eines Flyers mit konkreter Preisangabe für das gesamte Angebot.
2. Nennen Sie 3 weitere Werbemittel und Werbeträger, die Sie einsetzen könnten.

C Erfolgskontrolle

Erläutern Sie 2 Möglichkeiten, wie Sie den Erfolg Ihrer Marketingmaßnahmen sinnvoll auswerten und kontrollieren können.

Weiterführung der Aufgabe in der praktischen Prüfung

Ein Reiseveranstalter ist auf Ihr Arrangement aufmerksam geworden. Bereiten Sie sich auf ein gastorientiertes Gespräch vor, bei dem die Repräsentanten des Reiseunternehmens eine mögliche Zusammenarbeit mit Ihnen besprechen wollen.

Die Kopien Ihrer schriftlichen Ausarbeitung liegen Ihnen dazu vor.

Aufgabe 2

Ausgangssituation

Sie sind in Ihrem Betrieb in verantwortlicher Position tätig. Das Hotel der 4-Sterne-Kategorie verfügt über 80 Zimmer, Wellnessbereich, Feinschmecker-Restaurant, Bistro-Bar sowie einen urigen Gewölbekeller, der auch für Veranstaltungen genutzt werden kann, und dem ein Weinkeller angeschlossen ist. In diesem lagern regionale und internationale Weinspezialitäten und -raritäten.

Auf Grund der seit einiger Zeit andauernden wirtschaftlich schlechten Lage und der Zurückhaltung der Gäste ist der Umsatz im Hotel- und auch im Restaurantbereich gesunken. Sie sind gefordert, diesen Abwärtstrend durch die Gestaltung von verkaufsfördernden Maßnahmen zu stoppen.

Aufgabenstellung

A Maßnahmenplanung

1. Beschreiben Sie eine verkaufsfördernde Initiative, die ein weiteres Absinken der Umsätze im Hotelbereich verhindern könnte.
2. Um das Geschäft in den Restaurationsabteilungen zu beleben, planen Sie die Durchführung von Aktionen und Veranstaltungen in diesen Bereichen. Erstellen Sie dazu einen aussagekräftigen Veranstaltungskalender für die nächsten 6 Monate.
3. Erarbeiten Sie einen Ablaufplan für eine dieser Veranstaltungen Ihrer Wahl.

B Werbung

Da Sie die Veranstaltungen einer breiten Öffentlichkeit bekannt machen wollen, planen Sie geeignete Werbemaßnahmen. Nennen Sie 5 Werbemittel und Werbeträger, die dafür in Frage kommen.

C Erfolgskontrolle

Beschreiben Sie 2 Möglichkeiten, den Erfolg Ihrer Maßnahmen zu messen und zu kontrollieren.

Weiterführung der Aufgabe in der praktischen Prüfung

Ein Busreiseunternehmen ist auf Ihre Aktivitäten aufmerksam geworden und möchte sich bei Ihnen näher informieren.

Bereiten Sie sich deshalb auf ein gastorientiertes Gespräch vor, das am Tag der praktischen Prüfung von Ihnen mit Vertretern dieses Unternehmens geführt werden soll.

Die Kopien Ihrer schriftlichen Ausarbeitung liegen Ihnen dazu vor.

Aufgabe 3

Ausgangssituation

Ihr gut gehendes Stadthotel (★★★+) erlitt im abgelaufenen Kalenderjahr einen Einbruch bei den Übernachtungszahlen. Die häufige Nachfrage nach einer Fitnesseinrichtung und die Konkurrenzsituation in der Stadt zwingen den Eigentümer nun zum Handeln.

Das Hotel hat 80 Zimmer mit insgesamt 120 Betten. Ein Restaurant mit 100 Plätzen, eine Hotelbar sowie zwei zusammenhängende Veranstaltungsräume mit bis zu 150 Sitzplätzen stehen zur Verfügung.

Auf Anregung des Eigentümers wird ein großer moderner Wellnessbereich angebaut. Auf insgesamt 700 qm entstehen Schwimmbecken, zwei Saunen, Solarium, Fitnessraum und ein Kosmetikbereich.

Die Anlage soll an einem Wochenende mit einer großen Galaveranstaltung am Samstagabend eingeweiht werden.

Am Sonntag soll ein „Wellness-Nachmittag" für interessierte Gäste aus der Region stattfinden.

Aufgabenstellung

A Maßnahmenplanung

Erstellen Sie ein ausführliches Veranstaltungskonzept für die 2 Tage.

B Werbung

Nennen Sie 3 Werbemittel mit den entsprechenden Trägern, die nach Ihrer Meinung am besten geeignet sind, die Öffentlichkeit über die Neuerungen in Ihrem Haus aufmerksam zu machen.

C Erfolgskontrolle

Erläutern Sie 2 geeignete Möglichkeiten, den Erfolg Ihrer Veranstaltungen zu kontrollieren und zu messen.

Weiterführung der Aufgabe in der praktischen Prüfung

Ein Veranstalter für Wellnessreisen ist durch Presseveröffentlichungen auf Ihre neuen Einrichtungen im Hotel aufmerksam geworden. Bereiten Sie sich auf ein gastorientiertes Gespräch vor, bei dem die Vertreter des Reiseunternehmens eine mögliche Zusammenarbeit bei der Organisation von Wochenendreisen zu Ihnen besprechen wollen.

Die Kopien Ihrer schriftlichen Ausarbeitung liegen Ihnen dazu vor.

Aufgabe 4

Ausgangssituation

Ihr Hotel hat 120 Zimmer, ein Restaurant mit 180 Sitzplätzen, fünf kleinere Veranstaltungsräume und einen Ballsaal, der bis zu 300 Personen aufnehmen kann. In der Nähe einer Großstadt gelegen, verfügt es über einen gehobenen Standard.

Wie jedes Jahr, ist auch jetzt wieder die Silvesterfeier zu planen. Es ist Ihre Aufgabe, diese zu organisieren.

Aufgabenstellung

A Maßnahmenplanung

1. Entwerfen Sie einen Ablaufplan für die Silvesterfeier mit einem entsprechenden Rahmenprogramm.
2. Beschreiben Sie das gesamte Speisen- und Getränkeangebot, besonders das Silvestermenü und die korrespondierenden Weine.
3. Gestalten Sie ein Arrangement für die Feier des Jahreswechsels in Ihrem Hause, das auch ein Übernachtungsangebot enthält.

B Werbung

Nennen Sie 5 Werbemittel und Werbeträger, die Sie einsetzen können, um die Kapazität Ihres Ballsaals an Silvester möglichst auszulasten.

C Erfolgskontrolle

Nennen Sie 3 Ziele, die Sie mit der Durchführung der Silvesterfeier erreichen wollen.

Erläutern Sie eine Maßnahme, wie Sie den Erfolg der Veranstaltung messen können.

Weiterführung der Aufgabe in der praktischen Prüfung

Ein Handwerksunternehmen aus einer weiter entfernt liegenden Stadt ist über das Internet auf Ihr Silvesterangebot aufmerksam geworden und plant, mit der gesamten Belegschaft den Jahreswechsel bei Ihnen zu verbringen. Bereiten Sie sich auf ein gastorientiertes Verkaufsgespräch mit der Geschäftsleitung der Firma vor, bei dem die weiteren Einzelheiten für den Aufenthalt bei Ihnen besprochen werden sollen.

Die Kopien Ihrer schriftlichen Ausarbeitung liegen Ihnen dazu vor.

Aufgabe 5

Ausgangssituation

Ihr Hotel hat wegen umfangreicher Renovierungsarbeiten in allen Bereichen für etwa 5 Monate geschlossen. Nach der Erneuerung verfügt es über 180 moderne Zimmer, sechs Konferenzräume mit neuester Tagungstechnik, einen Ballsaal, ein Restaurant, eine Bar und einen Freizeitbereich mit Schwimmbad, Sauna, Fitnessraum und Schönheitsfarm. Das Haus soll mit einer besonderen Veranstaltung an einem Samstag wieder in Betrieb genommen und damit erneut erfolgreich am Markt positioniert werden. Sie sind dafür verantwortlich, diese Wiedereröffnung zu planen und zu organisieren.

Aufgabenstellung

A Maßnahmenplanung
1. Erstellen Sie einen Ablaufplan der Veranstaltung.
2. Gestalten Sie ein Wochenendarrangement für Übernachtungsgäste.

B Werbung
Nennen Sie 3 mögliche Zielgruppen, die Sie als Kunden ansprechen wollen, und geben Sie jeweils an, mit welchen entsprechenden Werbemitteln Sie diese erreichen können.

C Erfolgskontrolle
Um den Erfolg Ihrer Bemühungen bei den Übernachtungsgästen erfassen zu können, planen Sie den Einsatz eines Gästefragebogens, der auf den Zimmern ausgelegt werden soll. Ergänzen Sie dazu den beigefügten Entwurf (Anlage) durch 5 Unterpunkte für jeden Leistungsbereich.

Weiterführung der Aufgabe in der praktischen Prüfung

Ein Softwareunternehmen ist auf Sie aufmerksam geworden und eventuell an einer Zusammenarbeit auf dem Tagungssektor interessiert. Bereiten Sie sich auf ein gastorientiertes Verkaufsgespräch mit Vertretern dieser Firma vor.

Die Kopien Ihrer schriftlichen Ausarbeitung liegen Ihnen dazu vor.

Anlage

	Ihre Meinung ist uns wichtig!		
	☺	😐	☹
Restaurant			
Bistro-Bar			
Etage			
Hotelangebote			

8 Verkaufsgespräche in der Praxis und das gastorientierte Gespräch in der praktischen Prüfung

Von wesentlicher Bedeutung in der Berufsausbildung zum Hotelfachmann/zur Hotelfachfrau ist der Umgang mit Gästen, die Beratung und der Verkauf. Sowohl in der Verkaufsabteilung des Hotelbetriebs, im Veranstaltungsbereich wie auch im À-la-carte-Service tragen professionell geführte Verkaufsgespräche zum Unternehmenserfolg und zur Kundenzufriedenheit bei.

Während in der Ausbildung von den Hotelfachleuten im Restaurant häufiger gastorientierte Gespräche geführt werden können, bieten sich im Verkaufsbüro sowie im Bankettbereich meistens nicht so viele Gelegenheiten, an Absprachen und umfangreichen Verkaufsgesprächen für Veranstaltungen teilzunehmen. Aus diesen Gründen und als Grundlage werden nachfolgend die Struktur und die Rahmenbedingungen eines Verkaufsgesprächs in der gastronomischen Praxis dargestellt und anschließend das gastorientierte Gespräch in der praktischen Prüfung behandelt.

Das Verkaufsgespräch in der Veranstaltungspraxis

Wurde mit dem Veranstalter ein Termin zur Besprechung der Einzelheiten im Haus vereinbart, oder kommt der Kunde unangemeldet vorbei, muss man in jedem Fall optimal auf das Gespräch vorbereitet sein. Dies bedeutet, dass die zur Führung der Besprechung benötigten Unterlagen bereit sind. Die so genannte Bankettmappe sollte Dokumentationen enthalten, die teilweise den Gästen auch ausgehändigt werden können.

Vorschläge zum Inhalt der Bankettmappe:
- Speisen- und Getränkevorschläge (Menüs, Büfetts, Snacks, Pausenbewirtung, Weine und sonstige Getränke)
- Liste der verfügbaren technischen Ausstattung
- Übersichtlicher Preisspiegel für alle angebotenen Sach- und Dienstleistungen, Raummieten sowie die allgemeinen Geschäftsbedingungen für Veranstaltungen
- Skizzen und Pläne der im Haus angebotenen Räumlichkeiten mit Bestuhlungsbeispielen und Angaben zu den Kapazitäten
- Bestes Bildmaterial der Räume und Dekorationen
- Pauschalangebote und Vorschläge für Rahmenprogramme
- Hausprospekt mit Anfahrtsskizze

Zur Vorbereitung der Absprache gehört auch die Überlegung, welcher Ort zur Durchführung des Verkaufsgesprächs im Betrieb geeignet ist. Am ehesten bietet sich hier ein Konferenzraum oder eine ruhige Ecke im Restaurant an. Das Bankettbüro ist durch mögliche Störungen für Besprechungen völlig ungeeignet.

Der Ablauf eines Verkaufsgesprächs gliedert sich in 3 wesentliche Phasen:

1. Kontakt- und Vertrauensphase
   - Die Gäste werden freundlich begrüßt, wobei dem Verkäufer bekannte Personen mit dem Namen und gegebenenfalls mit dem Titel angesprochen werden. Man stellt sich selbst mit dem Namen und der Funktion, die man im Betrieb einnimmt, vor. Der Blickkontakt und die liebenswürdige Art der Mitarbeiter des Hauses prägen hierbei den so wichtigen ersten Eindruck, den der Veranstalter vom Unternehmen erhält.
   - Als Zeichen dafür, ein guter Gastgeber zu sein, sollte man den Kunden außer einem geeigneten Sitzplatz auch eine Erfrischung in Form eines Getränks anbieten.
   - Sind alle Beteiligten am Tisch versorgt, sollte man nicht sofort mit der Abfrage der Daten für die geplante Veranstaltung beginnen, sondern mit einer oder zwei einleitenden und allgemeinen Fragen eine gelöste Gesprächsatmosphäre schaffen. Der Inhalt dieser Fragen ist situationsbedingt und kann sich z. B. darauf beziehen, inwiefern der Kunde den gastronomischen Betrieb bereits kennt oder auf ihn aufmerksam wurde. Auch hier beeinflussen Blickkontakt und eine offene, dem Kunden zugewandte Körperhaltung dessen positiven ersten Eindruck und signalisieren ihm die Aufmerksamkeit und das Interesse des Verkäufers.
   - ⊃ Das Ziel der ersten Phase ist es, möglichst schnell das Vertrauen des Gastes zum Verkäufer und zu dem Betrieb zu gewinnen.

2. Verkaufs- und Beratungsphase
   - Durch gezielte Fragen müssen nun die Wünsche, Erwartungen und Bedürfnisse des Veranstalters detailliert erforscht und erfasst werden. Die Anwendung der entsprechenden Fragetechnik ist von entscheidender Bedeutung für den Erfolg der Absprache.
   - Der Gast wird jetzt bei der Auswahl der Speisen und Getränke sowie aller anderen Sach- und Dienstleistungen fachlich kompetent beraten. Dazu gibt der Verkäufer passende Empfehlungen und unterbreitet

dem Kunden vor allem bei den Punkten geeignete Vorschläge, bei denen der Veranstalter keine konkreten Wunschvorstellungen hat.
- Besondere Einwände des Gastes einzelnen Angeboten gegenüber können zwar Konfliktsituationen heraufbeschwören; diesen kann aber mit der Hervorhebung der wesentlichen – und vom Kunden nicht erkannten – Vorteile des Angebots begegnet werden.
- Ein weiterer wichtiger Punkt im Verkaufsgespräch ist das Zeigen der für die Veranstaltung vorgesehenen Banketträume. Der Zeitpunkt der Besichtigung der Räumlichkeiten hängt davon ab, wann es ins Gespräch passt. Am vorteilhaftesten wird es sein, sich die Räume zu Beginn oder zum Abschluss anzusehen, um den Fluss der Unterredung nicht zu unterbrechen.
- Außerdem ist es in der Verkaufsphase besonders wichtig, alle Vereinbarungen und relevanten Einzelheiten auf der entsprechenden Checkliste bzw. dem Aufnahmeformular zu notieren.

3. Abschlussphase
- Ist es bis zum Ende der Verkaufsphase noch nicht zu einem offiziellen Kaufabschluss gekommen, muss der Verkäufer jetzt äußerst aufmerksam auf so genannte Kaufsignale des Gastes achten. Dies kann der direkte Wunsch nach Vertragsabschluss sein, oder der Veranstalter fragt gezielt nach Sachverhalten, die erst nach der Kaufentscheidung von Bedeutung sind, z. B. die Frage nach den Zahlungsmodalitäten.
- Nun kann der Verkäufer den Abschluss zügig einleiten und die wichtigsten Punkte und Argumente noch einmal kurz zusammenfassen.
- Nach einem Ausblick auf die weitere Entwicklung der Organisation, also wie man verbleibt, ist es nicht mehr als höflich, sich beim Veranstalter für die Buchung ausdrücklich zu bedanken.
- Mit der gegenseitigen Verabschiedung endet das Verkaufsgespräch.

Verkaufstechniken und Verkaufspsychologie
Der Leitspruch „Wer fragt, der führt!" macht die Anwendung der richtigen Fragetechnik für den Erfolg und das Gelingen des Verkaufsgesprächs besonders bedeutend. Die Fragen werden in 2 Gruppen unterteilt. In der Bankettabsprache werden hauptsächlich Informationsfragen vorherrschen. Dabei wird vom Verkäufer – durch eine direkte und konkrete Frage – versucht, einen Sachverhalt aufzuklären und vom Gesprächspartner eine präzise Antwort zu erhalten. Je nach Situation und Gästetyp können zusätzlich auch taktische Fragen eingesetzt werden.

- Die Informationsfragen kann man in 2 Typen einteilen. Die geschlossenen Fragen erwarten lediglich eine Antwort, die aus einem „Ja" oder aus einem „Nein" besteht und deshalb auch als Entscheidungsfragen bezeichnet werden. Da sie meistens keine Informationen liefern, was der Gast wirklich denkt und welche Bedürfnisse, Wünsche und Erwartungen er hat, sollte mit geschlossenen Fragen, vor allem in der Eröffnungsphase des Verkaufsgesprächs, möglichst sparsam umgegangen werden. Da die geschlossene Frage auch nicht unbedingt zum Sprechen animiert, ist der Verzicht auf diesen Fragetyp hauptsächlich bei zurückhaltenden Gästen zu empfehlen.
- Die zweite Variante der Informationsfragen, die offenen Fragen, umfassen einen wesentlich größeren Mitteilungsgehalt, veranlassen den Befragten, mit einem vollständigen Satz zu antworten, und erreichen dadurch eine umfangreichere Selbstaussage des Gesprächspartners. Da sie immer mit einem Fragewort – wie z. B. Welche? Wer? Was? Wo? Warum? – eingeleitet werden, nennt man sie auch W-Fragen. Mit Hilfe dieser Frageform ist es dem Verkäufer erheblich besser möglich, die Bedürfnisse des Kunden zu erfassen und darauf einzugehen.
- Taktische Fragen zielen nicht primär auf die Ermittlung des Gästebedarfs ab und lassen die bereits feststehende Zielrichtung des Fragenden erkennen. Da sie meistens darauf angelegt sind, den Gesprächspartner zu beeinflussen und in eine bestimmte Richtung zu lenken, ist Manipulation bei diesen Fragen nie ganz auszuschließen.
- Die häufig angewandte Suggestivfrage enthält oft bereits die gewünschte Antwort, und der Verkäufer rechnet dabei mit einer positiven Reaktion. Der Befragte wird zwar der suggestiven Sogkraft der Frage zunächst erliegen und wunschgemäß reagieren, kann danach aber nochmals über seine Antwort nachdenken und zu dem Schluss kommen, dass er sich etwas aufschwatzen ließ, was in ihm das ungute Gefühl der Übervorteilung hinterlässt. Aus diesen Gründen ist trotz des scheinbar nahe liegenden Verkaufserfolgs der allzu häufige Gebrauch der Suggestivfrage nicht zu empfehlen. Die Verwendung dieses Fragetyps kann sich höchstens bei unsicheren und entscheidungsschwachen Gästen anbieten.

Über den gezielten Einsatz von geschickter Fragetechnik hinaus muss der geschulte Veranstaltungsberater weitere Instrumente der Verkaufstechnik und -psychologie in der Absprache einsetzen:

- Dazu gehören vor allem aktives Zuhören – also dabei beim Zuhören lächeln, nicken und bestätigende kurze Worte benutzen – und den Gast ausreden zu lassen.
- Der Verkäufer sollte während des Gesprächs Ruhe und Konzentration zeigen und jegliche Ablenkung vermeiden.
- Besonders bei schwierigen Gästen muss er Selbstdisziplin üben, Vorurteile vermeiden und sachlich bleiben.
- Der Erfolg der meisten Verkaufsgespräche ist auch davon abhängig, inwieweit es dem Berater gelingt, den so genannten Sie-Standpunkt zu vertreten und zu betonen und damit den Gast in den Mittelpunkt aller seiner Bemühungen zu stellen. Die persönliche Ansprache des Gesprächspartners kann durch die gezielte – aber nicht zu häufige – Verwendung seines Namens erreicht werden. Ein Lob über ihn rundet die Atmosphäre in der Beratung positiv ab.

Das gastorientierte Gespräch in der praktischen Prüfung

Die Ausbildungsordnung trägt der Bedeutung von gastorientierten Verkaufsgesprächen dadurch Rechnung, dass sie als Pflichtteile der komplexen Prüfungsaufgaben in der praktischen Prüfung verankert wurden. In der Verordnung wird dazu Folgendes formuliert:

> *„Die komplexe Prüfungsaufgabe soll Ausgangspunkt für ein gastorientiertes Gespräch sein. Dabei soll der Prüfling zeigen, dass er Leistungen anbieten und verkaufen kann. Innerhalb der Prüfungsaufgabe sollen höchstens 20 Minuten auf das Gespräch entfallen."*

Das Gespräch ist also die Weiterführung der komplexen Aufgabe und wird am Tag der praktischen Prüfung von einem oder mehreren Prüfungsausschussmitgliedern mit dem Kandidaten geführt. Dabei sind von ihm vor allem folgende in der Ausbildung erlernte Fertigkeiten und Kenntnisse als grundlegende Faktoren zu beachten:

- Beratungs- und Verkaufsgespräche führen.
- Auswirkungen des persönlichen Erscheinungsbilds und Verhaltens auf Gäste darstellen und begründen.
- Gäste empfangen und betreuen und dabei die Gastgeberfunktion wahrnehmen.
- Anfragen bearbeiten und Angebote erstellen.
- Erwartungen von Gästen hinsichtlich Beratung, Betreuung und Dienstleistung ermitteln.
- Gäste unter Berücksichtigung ihrer Wünsche beraten und über das Angebot an Dienstleistungen und Produkten informieren sowie dabei werbliche und verkaufsfördernde Mittel einsetzen.
- Reservierungswünsche entgegennehmen, Reservierungen und Gästeaufträge ausführen.
- Sprachliche und nichtsprachliche Ausdrucksmöglichkeiten sowie berufsbezogene fremdsprachliche Fachbegriffe anwenden.
- Einfache Auskünfte in einer Fremdsprache erteilen.
- Gespräche gäste- und unternehmensorientiert führen.
- Reklamationen entgegennehmen, bearbeiten und Lösungen aufzeigen.
- Aufgaben, Befugnisse und Verantwortungen im Rahmen der Ablauforganisation berücksichtigen.
- Mitteilungen und Aufträge entgegennehmen und weiterleiten.
- Berufsbezogene Rechtsvorschriften anwenden.

Sowohl dem Prüfungsausschuss wie auch dem Prüfling sollte sich bewusst sein, dass das gastorientierte Gespräch im praktischen Examen ein Rollenspiel ist.

Es gleicht einem Verkaufsgespräch in der Praxis nur so weit, wie die Beteiligten in der Lage sind, Veranstalter (Prüfer) aus dem Fallbeispiel der komplexen Aufgabe und Verkäufer (Prüfling) möglichst wirklichkeitsnah zu spielen.

So kommt vor allem der Einstiegsphase des Gesprächs besondere Bedeutung zu. Im weiteren Verlauf, vor allem in der fachlichen Phase, findet man sich erfahrungsgemäß automatisch und unbewusst in eine realistische Gesprächsführung ein.

Das gastorientierte Gespräch in der Prüfung wird von der Prüfungskommission nach Fachkompetenz und gastorientierter Gesprächsführung bewertet und gliedert sich in nachstehende Phasen.

Phase 1: Gesprächseinleitung – Begrüßung
Begrüßung, Nachfrage z. B. über das Befinden des Gastes, Verlauf der Anreise, Kenntnis des Kunden über das Unternehmen/Hotel/Gaststätte, Freude über Wiedersehen usw.
Der Prüfling hält Blickkontakt und baut eine angenehme Atmosphäre auf.

Phase 2: Gästeerwartungen und -bedürfnisse
Gästeerwartungen und -bedürfnisse werden durch aktives Zuhören und durch Nachfragen im Hinblick auf das gewünschte Arrangement (bei Bankettveranstaltungen beispielsweise Speisen, Menüfolge, Getränke sowie Tag, Uhrzeit, Personenzahl usw.) ermittelt.
Dabei werden W-Fragen (Welche? Wann? Wie viele? Wie? Wo? Warum?) gestellt.

Phase 3: Angebotsunterbreitung und Lösungsvorschläge
Gemäß den Gästeerwartungen und -bedürfnissen und dem Angebot des Unternehmens bzw. der Vorgabe durch die komplexe Prüfungsaufgabe wird dem Kunden ein Angebot unterbreitet, das gegebenenfalls unter dem Aspekt der Gästenutzenargumentation formuliert wird.

Phase 4: Zusammenfassung und Gesprächsabschluss
Das mit dem Gast geführte Gespräch wird im Ergebnis nochmals zur beiderseitigen Sicherheit zusammenfassend wiederholt, und ein Kaufabschluss wird möglicherweise bestätigt. In der Verabschiedungsphase wird dem Gast eine Servicezusage gegeben.
Insgesamt betrachtet, sollte vom Prüfling ein strukturiertes Gespräch, in dem er sich jederzeit klar und deutlich ausdrückt, geführt werden.

Inhaltliche Struktur des gastorientierten Gesprächs
Die Gesprächsinhalte der Verkaufsdialoge bauen erfahrungsgemäß auf den inhaltlichen Anforderungen und Erarbeitungen der jeweiligen komplexen Prüfungsaufgabe auf und können demzufolge sehr unterschiedlich sein.
Folgende allgemeine Punkte können beispielsweise bei einer Veranstaltungsabsprache in Frage kommen:

- Beginn und Ende sowie der zeitliche Ablauf der Veranstaltung
- Personenzahl
- Besondere Gästegruppen, z. B. Kinder
- Räumlichkeiten, Tisch- und Tafelformen
- Raumausstattung (Tanzfläche, Geschenketisch)
- Getränke und gegebenenfalls Speisen zum Aperitif
- Speisenvorschläge für Menü oder Büfett mit Preisen
- Sonderkostformen (Vegetarier, Diabetiker)
- Korrespondierende Getränke mit Mengenbedarf
- Kaffee, Digestif und Tabakwaren
- Speisenangebot für einen Mitternachtsimbiss
- Menü- und Tischkarten
- Tisch- und Raumdekoration
- Ansprachen
- Technische Hilfsmittel wie beispielsweise Mikrofonanlage
- Garderobe
- Rahmenprogramm
- Besondere Serviceleistungen
- Kostenrahmen der Veranstaltung
- Rechnungsstellung

In den meisten Fällen findet das gastorientierte Gespräch mit einem zeitlichen Abstand zur schriftlichen Aufgabe statt, und die Erarbeitungen zum gestellten Fallbeispiel wurden vom Prüfungsausschuss bereits gesichtet und ausgewertet. So kann der Prüfer auf diese Ausarbeitungen Bezug nehmen und außerdem weitere Einzelheiten zu der Veranstaltung bzw. zum Hotelaufenthalt besprechen wollen. Bezieht sich die Aufgabenstellung beispielsweise auf die Ausarbeitung eines Wochenendarrangements sind alle Einrichtungen des Hauses wie Restaurants, Bars, Wellnessbereiche (Schwimmbad, Sauna, Solarium, Fitnessraum, Massage, Schönheitsfarm) und Sportmöglichkeiten (Tennis, Squash, Golf, Kegeln) entsprechend anzubieten und zu beschreiben.

Der Prüfling sollte die Zeit zwischen der schriftlichen Bearbeitung der komplexen Prüfungsaufgabe und dem Stattfinden des gastorientierten Gesprächs dazu nutzen, sich gedanklich auf die zu erwartenden Gesprächsinhalte vorzubereiten. In den Fällen, in denen dieser Zeitraum mehrere Tage beträgt, wird den Prüflingen – aller Erfahrung nach vor der Durchführung des Verkaufsgesprächs – die Gelegenheit gegeben, sich das von ihnen Geschriebene nochmals durchzulesen.

9 | Das Marketing und die Lösungshinweise für die komplexen Prüfungsaufgaben

Alle komplexen Prüfungsaufgaben haben die allgemeine Aufgabenstellung „Planung einer verkaufsfördernden Maßnahme" als Grundlage. Dadurch kommt dem Ausbildungsbereich Hotel-Marketing, inklusive Werbung und Verkauf, bei der Ausarbeitung und Lösung besonders große Bedeutung zu. Aus diesen Gründen werden nachfolgend die wesentlichen Grundlagen des Marketings beschrieben.

Marketing

Definition des Begriffs „Marketing":
„Marketing ist die unternehmerische Grundhaltung, einen Betrieb auf den Markt ausgerichtet und damit marktgerecht zu führen, die Bedürfnisse der Gäste zu erkennen und mit dem jeweiligen Angebot zu befriedigen."

Marketing als praktische Tätigkeit bedeutet, die nachgefragte Leistung
- zur richtigen Zeit
- am richtigen Ort
- zum richtigen Preis
- auf dem geeigneten Weg
- mit wirksamer Werbung und Verkaufstechnik
- den richtigen Kunden

zu bieten und damit einen angemessenen wirtschaftlichen Erfolg zu erzielen.

Marktforschung

Um ein Hotelunternehmen marktgerecht zu führen, ist es unerlässlich herauszufinden, was der Markt und damit die Kunden verlangen. Dazu muss man Trends beim Konsumverhalten der Verbraucher erkennen, um diese mit dem eigenen Angebot gezielt befriedigen zu können.
Berichte in den Medien über die sich ändernden Lebensgewohnheiten, wie beispielsweise das zunehmende Bedürfnis nach speziellen Wellnessangeboten oder die Trends im Ernährungsverhalten, bieten eine Grundlage, mit eigenen zielgerechten Offerten die zukünftigen Kunden zu gewinnen.

Eine weitere Möglichkeit, Marktforschung zu betreiben, ist, die eigenen Gäste zu befragen. Dieses kann durch einen Fragebogen, der möglichst kurz gehalten sein sollte und bei dem die Antworten lediglich anzukreuzen sind, erfolgen. Der Gästefragebogen kann auch als eine Möglichkeit der Erfolgskontrolle der Bemühungen um den Kunden während seines Aufenthalts im Hotel angesehen werden.

Die Konkurrenz zu beobachten hat zum Ziel, die Ideen der Mitbewerber nicht einfach „abzukupfern", sondern eigene weiterzuentwickeln und sich inspirieren zu lassen. Zusätzlich können die Stärken und Schwächen des Betriebs besser erkannt und an den Markt entsprechend angepasst werden.

Marketinginstrumente

Die Leistung

Im harten Konkurrenzkampf der Hotellerie kommt es heutzutage nicht nur auf die „Preisunterbietung", sondern auch auf die „Leistungsüberbietung" an. Um sich vom übrigen Markt abzuheben, ist es für den Hotelbetrieb erforderlich, sich einen eigenen Leistungsschwerpunkt zu suchen. Dies bedeutet für einen bestimmten gastronomischen Leistungsbereich (Tagungen, Gesundheit, Fitness, Sport, Familienurlaub mit Kindern, Kunst, Kultur oder Busreisen), „das ideale Hotel" sein zu wollen. Dabei spielen natürlich finanzielle, standortbedingte, persönliche sowie die bisherige Gästestruktur des Hauses betreffende Faktoren eine Rolle. Ein weiteres Ziel der marktgerechten Leistungsgestaltung ist es, Kernfähigkeiten („USP" = „Unique Selling Proposition") zu haben, also über Vorteile zu verfügen, die schwer kopierbar und einzigartig sind. Solche „USPs" können beispielsweise die Lage des Hauses, die Terrasse mit Seeblick oder auch die besondere Herzlichkeit der Mitarbeiter sein.

Da der Standort des Hotels als gegebene Tatsache hingenommen werden muss, ist es für den Erfolg des Betriebs von entscheidender Bedeutung, Standortvorteile in den Verkaufsargumenten zu nutzen und Standortnachteile durch außergewöhnliche Leistungen zu überspielen. In einer landschaftlich und kulturell eher weniger „aufregenden" Gegend könnte dies beispielsweise bedeuten, den Gast mit einer Vielfalt von Unterhaltungsangeboten selbst bei anhaltend schlechtem Wetter auf dem Areal des Hotels zu halten. Standortvorteile sollten nicht nur in der Werbung, sondern auch in der tatsächlichen Leistung berücksichtigt werden. Eine idyllische ruhige Lage verbietet lärmintensive Freizeitangebote, eine Lage im Zentrum von Oper, Theater, Varieté, Jazz und Galerien gebietet das Offerieren von Wochenendarrangements mit Paketangeboten.

Ausstattung und Ambiente sollten mit dem Betriebszweck und dem Leistungsschwerpunkt harmonieren. Die funktional ausgestatteten Einzelzimmer im Konferenzhotel sind so wichtig wie die gemütlichen Aufenthaltsräume, Restaurants und Bars im Sporthotel. Farbgestaltung, Beleuchtung, Blumen, Tischwäsche und Accessoires ergeben in der Gesamtkomposition das, was man unter Ambiente versteht. Hier kann es keine langfristig gültigen Merksätze geben, dennoch lohnt es sich zu beobachten und möglicherweise zu erfragen, wie Gäste auf das gebotene Ambiente reagieren.

Welche Sach- und Dienstleistungen im Hotelbetrieb konkret angeboten werden, hängt im Wesentlichen davon ab, was der Gast wirklich wünscht, was ihm wirklich wichtig ist. Dazu muss die Nachfrage zu den verschiedensten Einzelleistungen (Schuhe putzen, Kinderbetreuung, Seniorenteller) beobachtet und planmäßig erfasst werden.

Von besonderer Bedeutung für die betriebliche Leistung ist der persönliche Einsatz der Mitarbeiter. Die leistungsgerechte Bezahlung und die berufliche sowie menschliche Förderung der Arbeitnehmer ist Grundvoraussetzung für ehrlich motiviertes Personal. Freundlichkeit, Höflichkeit, Zuverlässigkeit, Hilfsbereitschaft und Herzlichkeit versöhnen viele Gäste mit Pannen, Unzulänglichkeiten oder Ausstattungsmängeln.

Zur werbewirksamen Leistung des Hauses gehört auch der richtige Umgang mit Reklamationen. Natürlich kommt es darauf an, inwieweit eine Beschwerde berechtigt oder aus profilierungssüchtigen oder anderen „niederen" Motiven geäußert wird. Dies herauszufinden, ist aber häufig zweitrangig, wenn beim Umgang mit Reklamationen der Betriebserfolg im Vordergrund stehen soll. Die Fähigkeit, zuhören zu können, sich zu entschuldigen und Großzügigkeit bei der Regulierung von Beanstandungen, sind wichtige Punkte für die Kundenbindung.

Eine besondere Form der Leistungen sind Pauschal- und Paketangebote (engl. = „packages"). Hier sind der Phantasie keine Grenzen gesetzt. Ob Wochenendpauschale im Wintersporthotel mit Übernachtungen, Frühstück, Abendessen und Tagesskikarte oder Seminarpaket im Konferenzhotel mit Tagungsgetränken, Kaffeepausen und Medien, der Pauschalpreis wird in der Regel günstiger sein als die Summe aller Einzelleistungen im Package.

Der Preis
Grundsätzlich kann sich die Preisgestaltung an diesen Kriterien orientieren.
- Am Markt:
  Hier bestimmt die Gästenachfrage den Preis. Es sollte dabei vor allem auf die Preiselastizität geachtet werden, wie sehr steigende Preise die Menge der verkäuflichen Leistungen beeinflussen.
- An der Konkurrenz:
  Hierbei richtet der Hotelbetrieb seine Preise auf die Konkurrenz aus.
- An den Kosten:
  Die Preise sind Ergebnis der Kalkulation.

In der Praxis werden die Preise wohl aus einer Kombination aller drei Richtungen gebildet. Dabei gebührt sicher der Preisgestaltung mit Rücksicht auf die Gästenachfrage Vorrang.

Aufgrund der hohen Fixkosten eines Hotels muss die möglichst hohe Auslastung oberstes Ziel sein. Deshalb müssen die meisten Betriebe Preisdifferenzierung betreiben.
Preise können differenziert werden
- nach dem Zeitpunkt oder Zeitraum („Happy Hour", Preisaufschläge bei Messen, Wochenendrabatte in Stadthotels),
- nach unterschiedlichen Gästeschichten (Rabatte für Firmen, Gruppen, Kinder),
- nach dem Umsatz (Bei hohem Umsatz Entfall der Raummiete bei Veranstaltungen, Preisreduzierung bei langem Aufenthalt),
- nach dem Bezahlungsmodus (Aufschlag für Kreditkartenzahler),
- nach dem Verkaufsweg (Preisreduzierung bei Buchungen über das Internet).

Ungeachtet dessen, auf welchem Weg das Hotelunternehmen zu seinen Preisen findet, sie müssen dargestellt werden, und zwar so, dass die Prinzipien der Preisklarheit und der Preiswahrheit eingehalten werden.

Erst dann ist das Preis-Leistungs-Verhältnis des Betriebs für den Kunden klar erkennbar.

Der Verkaufsweg

Außer der Strategie, die Vorteile eines Zusammenschlusses zu einer Hotelgruppe bzw. Hotelkette zu nutzen, kann das Unternehmen generell zwei Wege beschreiten, die Leistungen zum Kunden zu bringen.

Die eine Möglichkeit besteht darin, die Kunden auf dem direkten Weg zu erreichen und zu gewinnen. Dabei steht im Vordergrund, die Stammgäste zu „pflegen", nicht nur, um sie sich als solche zu erhalten, sondern um über ihre Mundpropaganda neue Gäste zu bekommen. Diese „Pflegemaßnahmen" bestehen über die bereits beschriebene optimale Dienstleistung hinaus möglicherweise auch aus folgenden Marketingaktionen:

- Mailings zum Geburtstag, nach Renovierungen oder Neuerungen, nach ausgebliebenen Buchungen (z. B. Messe).
- Versand von Hotelzeitungen, Kalendern, Veranstaltungsprogrammen des Hotels oder kultureller, sportlicher Attraktionen in der Nähe des Hotels.
- Über Gästekarteien werden Sonderwünsche erfasst und ohne weitere Aufforderung bei jedem neuen Aufenthalt geboten.
- Bei längeren Aufenthalten werden am letzten Tag besondere Leistungen geboten (schön gedeckter Frühstückstisch, persönliche Verabschiedung durch den Direktor)

Darüber hinaus muss der Betrieb immer wieder nach neuen Verkaufswegen suchen: So lassen sich beispielsweise Taxichauffeure, die ein bisschen „hofiert" werden, als Absatzhelfer einsetzen, und auch Kontakte zu Auskunftspersonen aller Art (am Flughafen, Bahnhof, Verkehrsbüro, Polizei) sowie zu Rezeptionisten befreundeter Hotels, Tankstellenwarte oder Sekretärinnen von Firmen können sich lohnen.

Die zweite Möglichkeit ist die, den indirekten Weg zum Kunden zu beschreiten. Der indirekte Verkaufsweg führt hauptsächlich über die Zusammenarbeit mit Reiseveranstaltern und Reisebüros, die einerseits ein großes Kundenpotenzial bieten, aber andererseits auch eine Vermittlungsprovision berechnen.

Eine weitere Alternative ist der Zusammenschluss mehrerer Hotels zu einer Gruppe. Dabei werden die Leistungen der einzelnen Häuser weitestgehend standardisiert. Durch die Kooperation dieser Betriebe ist es möglich,
- über Gemeinschaftswerbung, Werbemittel einzusetzen, die einen größeren potenziellen Gästekreis erreichen können,
- den Bekanntheitsgrad des Hauses über den Namen der Kette oder Gruppe zu steigern,
- geschulte Verkäufer für die Hotels der Gruppe einzusetzen,
- durch Weiterempfehlung von Hotel zu Hotel Vielreisende und Geschäftsleute innerhalb der Gruppe zu halten sowie
- durch immer wieder gleich gute Standards der Leistungen in den verschiedenen Häusern die Kunden zufrieden zu stellen.

Die Werbung

Die **Aufgaben und Ziele der Werbung** bestehen aus dem Versuch, mit Hilfe von Information und Suggestion die menschliche Willensentscheidung zu beeinflussen und damit eine Steigerung von Umsatz und Gewinn zu erreichen. Für das Hotelgewerbe bedeutet dies, den Bekanntheitsgrad des Hauses zu erhöhen, besondere Leistungen und Angebote zu verbreiten, Stammgäste zu pflegen und zu erhalten, deren Umsatz zu steigern und neue Gäste hinzugewinnen.

Wirksame Werbung folgt dabei dem Prinzip der **AIDA**-Formel:

Attention (engl. für Aufmerksamkeit erregen)
Interest (engl. für Interesse aufbauen)
Desire (engl. für Besitzwünsche wecken)
Action (engl. für Aktion, Handlung auslösen)

Dabei kann dieser Stufenaufbau der Werbeargumentation auf alle Sinnesorgane wirken. Um Aufmerksamkeit zu erregen, spielen Farben, Formen, Originalität, angenehme Gerüche, Melodien, Musik und Lautstärke eine Rolle.

Interesse, vor allem anhaltendes Interesse, kann mit besonders bekannten „ohrwurmartigen" Melodien, Rhythmus, Reim und ansprechender Farbgestaltung erreicht werden.

Um den Wunsch auszulösen, bedarf es vor allem der Emotionalisierung. Häufig wird versucht, Produkte als Lösung verschiedenster menschlicher Probleme und Bedürfnisse zu verkaufen.

Um Erfolg in der Werbung zu erzielen sollte man sich an den nachstehenden Werbegrundsätzen orientieren:
- Wirksamkeit
  Dies bedeutet, die Zielgruppen für die Werbung festzulegen, die dazu passenden Leistungen und den Werbestil darauf abzustimmen und mit Erfolgskontrollen festzustellen, ob die Ziele erreicht wurden.
- Wahrheit
  Juristische und betriebswirtschaftliche Gründe gebieten, keine Unwahrheiten in der Werbung zu dulden. Einerseits ist irreführende Werbung nach dem Gesetz gegen den unlauteren Wettbewerb (UWG) verboten, und andererseits schaden verärgerte Gäste dem Betrieb durch Fernbleiben und negative Mundpropaganda.
- Originalität
  Bei allen Werbemitteln und -aktionen ist das Neue, das Besondere und Auffällige zu betonen, um sich dabei von anderen abzuheben. Der Nutzen des Produkts für den Kunden sollte deutlich hervorgehoben werden.
- Aktualität
  Zeitgemäße Werbung in der Hotellerie berücksichtigt aktuelle Trends, neue Ideen und bezieht beispielsweise auch besondere Anlässe oder Feiertage in das gastronomische Angebot immer rechtzeitig mit ein.
- Einheitlichkeit
  Diese wird hauptsächlich durch die Verwendung von immer gleichen Logos, Emblemen, Schriften bzw. (Haus-)Farben erreicht und damit ein einheitliches Erscheinungsbild (engl. „Corporate Design") für den Betrieb geschaffen.
- Wirtschaftlichkeit
  Da auch die Werbung grundsätzlich dem ökonomischen Prinzip folgt, ist bei allen Maßnahmen das sinnvolle Verhältnis von Werbeaufwand und -ertrag zu berücksichtigen.

Für die Wirkung der Werbemaßnahmen ist die Auswahl geeigneter Werbemittel (Werbebotschaften) und Werbeträger (Werbemedien) wesentlich. Als solche kommen in der Hotellerie weniger die akustischen und visuellen Werbebotschaften im Radio, Fernsehen oder Kino in Frage, sondern eher Text, Grafiken und Bilder auf den folgenden Trägergruppen:
- Hausprospekte und Werbebriefaussendungen (engl. „Mailing"),
- Anzeigen in Tageszeitungen, Fachzeitungen, Zeitschriften und Illustrierten, Vereins- und Verbandsblättern,

- Flugblätter (engl. „Flyer") und Plakate,
- Homepage des Hotels,
- Werbegeschenke sowie Zugaben, wie beispielsweise Streichholzbriefchen, Kugelschreiber, Gästeseife oder Gutscheine für einen Begrüßungsdrink in der Bar.

In der Hotellerie kommt der werblichen Gestaltung des Hotelprospekts und des Flyers für Werbebriefe eine wesentliche Bedeutung zu. Diese Werbemittel erlauben es dem Unternehmer, sein Haus und seine besonderen Angebote interessierten Kunden gründlich vorzustellen, ohne einem direkten Konkurrenzvergleich ausgesetzt zu sein.

Schon beim Inhalt muss darauf geachtet werden, dass alle vom potenziellen Gast erwarteten Informationen enthalten sind:
- Name und Anschrift des Betriebs,
- E-Mail Anschrift und gegebenenfalls die Adresse der Homepage im Internet,
- Wegbeschreibung oder Anfahrtskizze,
- Anzahl und Ausstattung der Gästezimmer mit entsprechenden Preisangaben,
- Beschreibung der Restaurationseinrichtungen (Restaurant, Café, Bar),
- Darstellung der Veranstaltungskapazitäten und Tagungsmöglichkeiten,
- Informationen zu Sport-, Fitness- und Freizeiteinrichtungen und -angeboten,
- sonstige besondere Leistungen, wie beispielsweise Transferservice für Bahnreisende oder Kinderbetreuung.

Gemäß dem Merksatz „Ein Bild sagt mehr als 1000 Worte" ist der Auswahl und der Gestaltung des Fotomaterials größte Beachtung zu schenken. Als Anforderungen gelten:
- Scharfe Fotos von hochwertiger Qualität ohne Wiederholung gleicher Bilder.
- Auf die angemessene Größe achten (keine „Briefmarkenbilder").
- Möglichst wenig Totalaufnahmen und mehr Detailfotos, auf denen Menschen zu sehen sind (dabei muss allerdings auch auf den Persönlichkeitsschutz geachtet werden).
- Keine Bilder, die gegen die guten Sitten verstoßen.
- Aktuelle Fotos verwenden, die in ihrer Gesamtwirkung miteinander harmonieren.
- Die Fotos mit Bildunterschriften versehen.

Beim Text ist die Wahl der richtigen Schrifttype (gut lesbar) und der angemessenen Schriftgröße wichtig. Eine Mischung verschiedener Schriftarten ist möglichst zu vermeiden. Dass der Text mit der richtigen Zeichensetzung versehen und frei von Rechtschreibfehlern sein muss, versteht sich von selbst. Außerdem sind sprachliche Übertreibungen zu unterlassen.

Der Aufbau und das Layout (Text- sowie Bildgestaltung) des Prospekts sollte den AIDA-Regeln folgen:
- Der Prospektbeginn („Attention") mit einem Blickfang (engl. „Eyecatcher"), wie beispielsweise einem Foto (Außenfassade, Inhaberfamilie), einer Grafik oder einem Logo.
- Der Mittelteil („Interest" und „Desire") mit Angaben zum Leistungsangebot und aussagekräftigen sowie ansprechenden Bildern.
- Die Rückseite („Action") mit Aufforderungscharakter durch Adresse, Telefon- und Faxnummern sowie der Anfahrtsskizze.

Auch bei einer Anzeige zur Verwendung in Printmedien (engl. „to print" = drucken), wie Tageszeitungen, Fachzeitungen, Zeitschriften und Illustrierten, Vereins- und Verbandsblättern, müssen genauso wie beim Prospekt die Ziele der Werbung angesteuert und ihre Grundsätze verwirklicht werden.

In der Regel beginnt die Anzeige mit einer Schlagzeile. „Sonne und Schnee in …", „Ruhe und Erholung in …", „Runter vom Sofa, rein ins Vergnügen." Fünf Worteinheiten können vom Durchschnittsmenschen auf einmal erfasst werden, also ist ein wesentlicher Faktor der Schlagzeile die Kürze.

Ein Bild oder eine originelle Graphik ist allerdings in der Wirkung jedem Text überlegen. Die Aufmerksamkeits- und auch die Gefühlswirkung sind höher. Ansonsten sollte darauf verzichtet werden, mit abgegriffenen und teilweise nichts sagenden Redewendungen, wie beispielsweise 1. Haus am Platz, Prima Mittagstisch, zu werben.

Auch im Layout müssen Illustration, Schlagzeile, Text und Logos zu einer harmonische Gesamtanordnung arrangiert werden.

Voraussetzung für den erfolgreichen Einsatz der Anzeige sind letztendlich vor allem die Antworten auf folgende Fragen:
- Welche Zielgruppe bzw. welcher Gästekreis soll angesprochen werden?
- Welche Zeitung kommt demnach in Frage?

- Gibt es Alternativen? (Kostenvergleich!)
  Soll nun aufgrund des Gästekreises und der Werbebotschaft die Anzeige eher belehrend, sachlich informierend, appellierend, gefühlsbetont oder besonders originell sein?
- Welcher Einsatztag ist optimal?
- Wie oft und wie lange soll die Anzeige eingesetzt werden?

Die Verkaufsförderung

Unter Verkaufsförderung (engl. „Promotion" oder „Sales-promotion") versteht man alle Maßnahmen, die dazu dienen, den Absatz von Dienst- und Sachleistungen zu erhöhen. Je nach dem, wo die Maßnahmen angewendet werden, unterscheidet man die Verkaufsförderung im und außer Haus. Bei der persönlichen Verkaufsförderung im Haus, sind vor allem die Mitarbeiter des Hotels gefordert. Sie müssen gut ausgebildet sein, über ein tadelloses Äußeres (Kleidung) verfügen und beim Verhalten gegenüber den Gästen (Auftreten, Sprache, Fragetechnik, beachten von Sonderwünschen sowie Umgang mit Reklamationen) jederzeit professionell und freundlich kommunizieren.

Die sachliche Verkaufsförderung umfasst beispielsweise Menü- und Getränkekarten, Prospekte, Hauszeitungen, Flyer oder Tischaufsteller, die verkaufsfördernd gestaltet sind. Die Präsentation von Speisen in Form von Büfetts (Frühstücks-, Eis- oder Salatbüfetts) kann ebenfalls den Absatz erhöhen. Der Einbezug geeigneter Zulieferer – der Lieferant italienischer Weine führt mit dem Personal eine Weinprobe durch – kann die Produktkenntnisse und damit die Verkaufsaktivitäten des Personals verbessern.

Zu der Verkaufsförderung außer Haus gehören Werbeschreiben an Stammkunden und potenzielle Kunden zu bestimmten Anlässen.

Größere Betriebe oder Gruppenbetriebe können sich auch direkt mit Informations- und Verkaufsständen auf Messen begeben. Manche Stadt- bzw. Tagungshotels leisten sich „Hotelverkäufer", die vor allem Wirtschaftsunternehmen vor Ort besuchen, sie über die Dienstleistungen des Hauses informieren und diese damit aktiv verkaufen.

Von indirekter Verkaufsförderung spricht man, wenn Reisevermittler zu Besichtigungen in das Hotel eingeladen und sie optimal mit Informationsmaterial versorgt werden oder Werbegeschenke an Reisebüromitarbeiter abgegeben werden. Gelingt der Versuch, Hausprospekte direkt in die Regale der Reisebüros zu bringen, so kann auch dies den Verkauf fördern.

Die Öffentlichkeitsarbeit

Der Sinnspruch „Tue Gutes und sprich darüber" gilt als der Leitgedanke der Öffentlichkeitsarbeit (engl. „Public Relations", abgekürzt „PR"). Dabei geht es darum, mit der gesamten Öffentlichkeit in Beziehung (engl. „Relation") und Kommunikation zu treten und für ein gutes Image des Betriebs in der Bevölkerung zu sorgen. Somit grenzt sich PR von reiner Werbung ab. Werbung bezieht sich auf den Verkauf der Dienstleistungen und richtet sich an die tatsächlichen oder potenziellen Nachfrager. PR bezieht sich auf das Unternehmen insgesamt und richtet sich an die allgemeine Öffentlichkeit.

Zur Öffentlichkeit gehören:
- Mitarbeiter und ihre Angehörigen (begeisterte Mitarbeiter sprechen überall positiv von ihrem Unternehmen),
- Berufsberater, Lehrer und Abschlussklassen (Betriebsbesichtigungen erzeugen Begeisterung; dies spricht sich herum),
- Leser von Massenmedien in der Umgebung und insgesamt (pressewirksame Maßnahmen können Journalisten „anlocken", was mehr oder weniger kostenlose Artikel über das Hotel zur Folge haben kann),
- Lieferanten (Einladungen und Informationen sowie über den Einkauf hinausgehende Kontakte können die Qualität der Zusammenarbeit fördern).

Marketing-Mix

Die Mischung, also die Kombination der nach den betrieblichen Erfordernissen ausgewählten Marketinginstrumenten, wird als Marketing-Mix bezeichnet. Dieser ist auch der entscheidende Teil der gesamten Marketingstrategie eines Hotelunternehmens.

Lösungshinweise für die komplexen Prüfungsaufgaben aus Kapitel 7

Aufgabe 1

Allgemeines

In der Beschreibung der Ausgangssituation ist der Hotelbetrieb nicht näher dargestellt. Dies bietet dem Prüfling die Möglichkeit, bei der Gestaltung „seines" Hotels (Standort, Einrichtungen, Freizeitmöglichkeiten), Phantasie und Kreativität zu entwickeln und die geforderten Fakten dann darauf aufzubauen.

A-Teil

1. Programmablauf „Erlebniswochenende":
   Freitagnachmittag Anreise mit Begrüßungscocktail, Nutzung der Freizeiteinrichtungen des Hauses.
   Freitagabend Grillfest oder Abendessen in der „rustikalen Stube" mit regionalen Spezialitäten und Künstlerauftritt.
   Samstag tagsüber geführte Wanderung (Wein, Kräuter), Klettertour, Fahrradausflug, Besichtigung (Burg, Schloss, Töpferei, Käserei, Weingut), Bootsfahrt auf dem „See", Ballonfahrt zum Sonderpreis, Rafting, Schnupperkurs (Tennis, Golf, Reiten, Segeln, Töpfern), betreute Aktivitäten auch für Kinder (Spiel- und Sportwettbewerbe).
   Samstagabend „Candle-Light-Dinner" mit Musik und Tanz.
   Sonntagmorgen Jazzbrunch auf der Hotelterrasse; anschließend Abreise.
2. „Candle-Light-Dinner":
   Aperitif in der Hotelbar mit fruchtigen Mixdrinks (auch alkoholfreie), 5-gängiges Menü mit sommerlich leichten Speisen (Salat, klare Suppe, Fisch, Geflügel, Eisdessert) und frischen spritzigen Weinen (Riesling, Rosé, leichter Rotwein).
   Musikuntermalung während des Essens und Tanz danach, zu späterer Stunde Showeinlage (Künstlerauftritt, Feuerwerk usw.).
3. Weinwanderung:
   Spaziergang mit dem Winzer durch die Weinberge (mit Erläuterung zum Anbau und zu den Rebsorten), zwischendurch kleine „Rast" mit Sektverkostung und „Häppchen" im Weingut, dann Weinprobe und Sensorik-Seminar (Charakteristik verschiedener Rebsorten).

B-Teil
1. Bei der Bearbeitung dieser Aufgabe sind die Regeln für die Erstellung eines Flyers zu beachten (siehe auch den Abschnitt „Werbemittel" weiter vorne in diesem Kapitel).
2. Werbeschreiben an Stammgäste, regionale Verkehrsämter und ausgewählte Reiseveranstalter, Anzeige in überregionaler Zeitung, Werbung auf der Eingangsseite der eigenen Homepage.

C-Teil
Gezielte Gästebefragung am Ende des Aufenthalts, Ergebniskontrolle (Umsatz- und Kostengegenüberstellung), auch durch zukünftige Beobachtung von Wiederholungsbuchungen.

Verkaufsgespräch
In diesem Gespräch mit dem „Reiseveranstalter" geht es vor allem auch um weitere Einzelheiten zu den Einrichtungen des Hauses und die Konditionen sowie Rahmenbedingungen für eine mögliche Gruppenbuchung (Preise, Freiplätze, Transfer bei Anreise mit der Bahn, Busparkplatz usw.).

Aufgabe 2
A-Teil
1. Gestaltung von mehrtägigen Pauschalarrangements am Wochenende oder auch unter der Woche für besondere Gästegruppen (beispielsweise Senioren) mit eingeschlossenem Ausflugs- und Besichtigungsprogramm.
Sonderangebote für Übernachtungen (3 Übernachtungen buchen – 2 bezahlen, Kinderermäßigungen).
2. Regionale und saisonale Aktionen:
Familienbrunch, Valentinstagmenü bei Kerzenschein, Faschingsball, Ostermenü mit Kinderüberraschungen, Spezialitätenwochen (regionale Speisen, Muscheln, Lamm, Spargel, Erdbeeren, Fisch, Krustentiere, Nudeln, Kürbis, Ente, Gans, Wild usw.), Grillfest, Jazzfrühschoppen, Küchenparty unter aktivem Einbezug der Gäste, Fachkurse mit Experten (Kochen, Cocktails, Wein, Bier), Galadiners mit musikalisch-künstlerischem Rahmenprogramm, Weihnachtsfestmenü, Silvesterball.
3. Kulinarische Weinprobe mit Degustationsmenü:
Beginn mit Aperitif (Sekt und Fingerfood), Galamenü mit 5 bis 6 Gängen, dabei ist auf die Jahreszeit, die richtige Reihenfolge der Gänge (Kalte Vorspeise – Suppe – Warme Vorspeise/Fischgang – Sorbet – Hauptgang – Dessert/Käse), die Sättigungswirkung des Menüs und die Abwechslung bei den Rohstoffen sowie Zubereitungsarten zu achten. Zu den einzelnen Gängen der Speisenfolge werden (außer zur Suppe und zum Sorbet) jeweils 2 korrespondierende (passende) Weine gereicht und diese vom Sommelier (Weinkellner) fachlich kompetent kommentiert. Die Menügänge werden vom Küchenchef des Hauses erklärt, während des Essens gibt es eine musikalische Begleitung, das Thema des Abends wird durch die besondere Dekoration (weinbezogen, Kräuter, die im Menü Verwendung finden) unterstrichen.

B-Teil

Anzeigen in der regionalen Presse, der Veranstaltungskalender oder das Einzelinformationsblatt wird an verschiedene Zielgruppen (Stammgäste, Firmen, Geschäfte und Einrichtungen) versandt (auch per E-Mail und Fax) bzw. dort platziert (das Auswahlkriterium für die Einzelinformationen ist jeweils das Thema der Aktion).

Plakatwerbung im und außer Haus, werbliche Ankündigung der Veranstaltungen auf der Homepage im Internet.

Werbespots im Kino, Radio und regionalen Fernsehsender.

C-Teil

Befragung von Restaurant-, Veranstaltungs- und Übernachtungsgästen (persönlich und mit Fragebogen), Beobachtung und Vergleich der Gästezahlen und des Umsatzes.

Verkaufsgespräch

Auch bei diesem Verkaufsgespräch wird es um ähnliche Besprechungspunkte wie bei der Aufgabe 1 gehen.

Aufgabe 3
A-Teil

Veranstaltungskonzept:

Samstag
- Am späten Nachmittag Begrüßung der angemeldeten bzw. bereits anwesenden Gäste durch den Hoteldirektor mit einem alkoholfreien Welcome-Drink im neuen Wellnessbereich, anschließend Besichtigung dieser Räumlichkeiten.
- 19.00 Uhr Aperitif an der Bar.
- 20.00 Uhr Festabend mit Galamenü mit leichten Speisen, die auf Wellness und die „schlanke Linie" abgestimmt sind (sonstige menükundliche Rahmenbedingungen siehe auch die Lösungshinweise der Aufgabe 2, Teil A 3.).
- Im Laufe des Abends Auftritt eines bekannten Schlagerstars, gegen Mitternacht gibt es noch einen kleinen rustikalen Imbiss.
  Die Geschäftsleitung und die Abteilungsleiter befinden sich mit unter den Gästen (sie werden jeweils mit an die runden Tische platziert) und wirken als verkaufs- und imagefördernde Multiplikatoren für den Betrieb.
- Die gesamte Veranstaltung wird als Benefiz-Gala zu Gunsten eines wohltätigen Zwecks konzipiert (Künstler treten ohne Gage auf, und die Einnahmen fließen der zu unterstützenden Einrichtung zu).

Sonntag
- „Wellness-Nachmittag" in den neu eröffneten Räumlichkeiten des Hotels mit verschiedenen alkoholfreien Mixgetränkeangeboten und kleinen Speisen (Stände).
- Freie Nutzung aller Einrichtungen unter sachkundiger Anleitung, Kinderbetreuung und -beschäftigung (Spiele, Wettbewerbe), kostenlose Massage- und Kosmetikangebote.
- Durchführung von kurzen Vortragsveranstaltungen eines durch Funk und Fernsehen bekannten „Fitnesspapstes".
- Einführung in die Freizeitsportart „Nordic Walking" durch eine erfahrene Trainerin, Gymnastikübungen mit Aerobictrainer, Gewinnspiel zum Thema „Gesunde Ernährung".

B-Teil
- Werbeschreiben an Stammgäste, regionale Verkehrsämter und ausgewählte Reiseveranstalter (Städte-, Wellnessreisen, Aktivurlaub usw.).
- Anzeigen in Tageszeitungen in der Region, in anderen Städten und Ballungsgebieten (beispielsweise Ruhrgebiet) sowie in einschlägigen Zeitschriften.
- Werbespots (vor allem für die Benefiz-Gala) im Kino, Radio und regionalen Fernsehsender, Werbung auf der eigenen Homepage.

C-Teil
- Gästebefragungen während und nach den Einweihungsfeierlichkeiten.
- Nachfragebeobachtung und Umsatzvergleich im Beherbergungs-, Verpflegungs- und Wellnessbereich des Hauses.

Verkaufsgespräch
Für die Durchführung dieses Verkaufsgesprächs sollte man vor allem das Leistungsangebot des Wellnessbereichs detailliert beschreiben und erläutern können sowie Nachfragen zu Aktivitäten in der Stadt und in der Umgebung beantworten können. Im Übrigen gelten die Hinweise für die Gespräche der Aufgaben 1 und 2.

Aufgabe 4

A-Teil

1. Ablaufplan Silvesterfeier:
   - Aperitifempfang mit Sektmischgetränken und Mixdrinks im Foyer des Ballsaals.
   - Nach der Begrüßung durch den Hoteldirektor Galadiner mit Menü an runden Tischen für 10 bis 12 Personen.
   - Gestaltung einer speziellen Weinkarte mit zum Menü passenden Empfehlungen.
   - Raum- und Tischdekoration einem speziellen Thema des Silvesterballs entsprechend (Europareise ins neue Jahr).
   - Aufbau von Bühne (Podium) für die Band und einer Tanzfläche, die Kapelle spielt während des Essens Hintergrundmusik und danach zum Tanz.
   - Showauftritte von Künstlern (Tanzformation, Kabarettist, Zauberer, Jongleur, Artist) zwischen den Menügängen.
   - Feuerwerk um Mitternacht, danach Mitternachtssuppe und Tanz bis in den frühen Morgen.

2. Die Anforderungen für diesen Aufgabenteil bestehen hauptsächlich aus der menükundlich richtigen Gestaltung (siehe auch weiter vorne), einer festlichen Speisenfolge mit 5 bis 6 Gängen und den dazu passenden Weinempfehlungen auf einer separaten Weinkarte mit Preisen.
   Dabei können auch Verbindungen zum Thema des Abends hergestellt werden.
   Außerdem ist das Aperitifangebot genauer zu beschreiben und die Mitternachtssuppe zu nennen.
   Der Pauschalpreis für den Silvesterabend ist aufzuführen.

3. Gestaltung eines Silvesterarrangements mit der Teilnahme am Ball, einer Übernachtung mit Neujahrs-Katerfrühstück bzw. Brunch und der Nutzung der hoteleigenen Freizeiteinrichtungen.
   Der Pauschalpreis hierfür ist zu nennen.

B-Teil
- Anzeigen in der örtlichen und regionalen Presse.
- Plakatwerbung im Hotel, in der Stadt und in der Region.
- Mailing an Stammgäste und Firmen.
- Werbung auf der Homepage im Internet.
- Werbespots im Radio und regionalen Fernsehsender.

C-Teil
- Gewinnung von neuen Kunden.
- Imagepflege für das Hotel.
- Wiederholungsgeschäft (Restaurantbesuche), Folgeaufträge (Veranstaltungen) und positive Mund-zu-Mund-Propaganda von zufriedenen Besuchern der Silvesterveranstaltung.

Verkaufsgespräch
Dieses Gespräch wird sich auf die Einzelheiten einer Gruppenbuchung mit möglicherweise auch mehr als nur einer Übernachtung beziehen. Gefragt sind dabei – außer den Leistungen im Hotel – auch Angebote für Aktivitäten (Ausflüge, Besichtigungen) in der Stadt und in der Region.

Aufgabe 5
A-Teil

1. Ab 10 Uhr „Tag der offenen Tür" in allen Gästebereichen des Hotels mit verschiedenen kleinen Speisen- und Getränkeangeboten in einzelnen Abteilungen.
   - Kinderbelustigungen (Spiele, Ballonwettbewerb, Videofilmvorführungen, Plätzchen verzieren und backen in der Patisserie usw.).
   - Gewinnspiel mit Teilnahmekarten (Restaurantbesuche als Preise).
   - Durch Mitarbeiter geführte Besichtigungen der Einrichtungen des Hotels (inklusive „Blick hinter die Kulissen").
   - Kurs „Frische Kräuter unterscheiden und in Speisen passend verwenden" in der Küche (mit Kostproben und Rezepten).
   - Im Ballsaal Ausstellung „Der festlich gedeckte Tisch" mit Angeboten und kompetenter Beratung für die verschiedensten Familienfeiern.
   - Präsentation der neuesten Medientechniken in den Konferenzräumen.
   - Stilberatungen in der Schönheitsfarm.
2. Wochenendangebot mit 2 Übernachtungen mit Frühstück.
   - Willkommensgetränk an der Hotelbar.
   - 2 Abendessen im Restaurant.
   - Kostenloser Eintritt in eine Sehenswürdigkeit der Stadt und freie Nutzung des Freizeitbereichs inklusive einer 30-minütigen Massage.

B-Teil

- Gäste für das Restaurant und den Veranstaltungsbereich in der Stadt und in der Region durch Anzeigen in der örtlichen Presse.
- Gäste für den Tagungsbereich durch Mailings an Firmen und durch persönliche Verkaufsaktivitäten eigener Repräsentanten des Hotels.
- Übernachtungsgäste durch Werbung bei Reiseveranstaltern (Städtereisen) und Verkehrsbüros, auf Messen, in Tageszeitungen in anderen Städten und Gebieten sowie auf der eigenen Homepage im Internet.

C-Teil

	Ihre Meinung ist uns wichtig!		
	😊	😐	☹️
Restaurant			
Ambiente			
Speisenangebot			
Getränkeangebot			
Servicebetreuung			
Reaktion auf Sonderwünsche			
Bistro – Bar			
Ambiente			
Getränkeangebot			
Servicebetreuung			
Reaktion auf Sonderwünsche			
Musikunterhaltung			
Etage			
Zimmerausstattung			
Atmosphäre			
Sauberkeit			
Funktionalität der Einrichtung			
Etagenservice			
Sonstige Hoteleinrichtungen			
Betreuung durch Empfang			
Veranstaltungsbereich			
Schwimmbad			
Sauna			
Fitnessraum			

Verkaufsgespräch

Bei diesem Gespräch kann der Hotelbereich durch die möglicherweise „gewünschten Übernachtungen der Tagungsteilnehmer" in die Anforderungen an den Prüfling mit einbezogen werden. Da aber vor allem fundierte Kenntnisse auf dem Gebiet der Tagungs- und Veranstaltungsorganisation erforderlich sind, werden nachfolgend die wichtigsten Punkte im Rahmen zweier Checklisten gezeigt.

Tagungsvereinbarung

Firma/Anschrift _____
Straße _____
PLZ _____ **Ort** _____
Telefon _____
Fax _____
E-Mail _____ @ _____
Besteller _____

Art des Seminars/der Tagung _____
Seminarleitung/Ansprechpartner _____
Termin _____
Personenzahl _____
Anreise _____ **Abreise** _____

Zimmer- ❏ Einzel/Anz. ____ ❏ Doppel/Anz.: ____ ❏ Suite/Anz.: ____
reservierungen ❏ Ü/F ❏ HP ❏ VP ❏ Ü/F ❏ HP ❏ VP ❏ Ü/F ❏ HP ❏ VP

Tagungsraum ❏ 1 ❏ 2 ❏ 3 ❏ 4 ❏ 5

Bestuhlung ❏ Block ❏ U-Form ❏ V-Form ❏ Stuhlkreis ❏ Parlament ❏ Stuhlreihen

Veranstaltungszeitplan

	Mo	Di	Mi	Do	Fr	Sa	So
Beginn							
Pause							
Mittag							
Pause							
Abendessen							
Ende							

Tagungsgetränke _____
Kaffeepausen _____

Tagungstechnik
❏ Flip-Chart   ❏ Videorekorder   ❏ Rednerpult
❏ Overhead-Projektor ❏ Videokamera   ❏ Mikrofonanlage
❏ Metaplanwand   ❏ Beamer   ❏ Mikrofon, drahtlos
❏ Moderationskoffer ❏ Leinwand   ❏ ISDN-Anschluss

Rechnungsstellung   **Veranstalter**   **Teilnehmer**
Hotelarrangement/Tagungspauschale ❏ ❏
Telefon/Fax ❏ ❏
Pay-TV ❏ ❏
Minibar ❏ ❏
Garage ❏ ❏
Tagungsgetränke ❏ ❏
Kaffeepausen ❏ ❏
Mahlzeiten ❏ ❏
Getränke zu den Mahlzeiten ❏ ❏
Verzehr an der Hotelbar ❏ ❏
Sonstige Extras ❏ ❏

Sonstiges _____

Ort, Datum

_____   _____
Unterschrift des Kunden   Unterschrift des Beauftragten des Hotels

Bankettvereinbarung

Art der Veranstaltung:	Veranstaltungsdatum:
Veranstalter:	Voraussichtliche Personenzahl:
Anschrift:	Beginn der Veranstaltung:
Telefon/Fax:	Essensbeginn:
Ansprechpartner:	Ende der Veranstaltung:

Getränkefolge	Zeit	Speisenfolge
Zum Empfang im:		
Zum Essen im:		
Nach dem Essen:		
		Mitternachtsimbiss

Räumlichkeiten:	Ansprachen:
Raumdekoration:	Mikrofon:
Tafelform/Tischanordnung:	Rednerpult:
Tischdekoration:	Fotograf:
Kerzen:	Tanzfläche:
Menükarten:	Kapelle/Künstler:
Tischkarten:	
Tabakwaren:	Speisen und Getränke Kapelle:
Garderobe:	Rahmenprogramm:
Ausschilderung:	Bezahlungsweise:
Sonstiges	
	Rechnungsanschrift:

Unterschrift Kunde _____   Unterschrift Betrieb _____

10 Weitere praktische Prüfungsaufgaben

Die Ausbildungsordnung sieht in der Abschlussprüfung 2 weitere praktische Prüfungsaufgaben aus den folgenden Bereichen vor:

A Erarbeiten einer Prüfliste, Kontrollieren und Herrichten eines Gastraums anhand der Prüfliste
B Arbeiten am Empfang
C Bearbeiten einer Reklamation oder
D Servieren von Speisen und Getränken

Der Prüfungsausschuss formuliert aus den genannten Gebieten 2 Aufgaben, die sich auf wesentliche Ausbildungsinhalte beziehen und damit hauptsächlich die folgenden Prüfungsanforderungen enthalten.

Bereich A:
- Gästeräume angebots- und anlassbezogen herrichten.
- Gästeräume reinigen und pflegen.
- Desinfektions- und Reinigungsmittel ökonomisch einsetzen.
- Geräte, Maschinen und Gebrauchsgüter wirtschaftlich einsetzen.
- Arbeitsvorbereitungen bereichsbezogen durchführen.
- Arbeitsschritte planen.
- Arbeitsergebnisse kontrollieren und bewerten.
- Kontrollarbeiten unter Verwendung von Organisationsmitteln ausführen.

Bereich B:
- Gastgeberfunktion wahrnehmen.
- Erwartungen von Gästen hinsichtlich Beratung, Betreuung und Dienstleistung ermitteln.
- Gäste empfangen und betreuen.
- Berufsbezogene fremdsprachliche Fachbegriffe anwenden.
- Gäste über das Angebot an Dienstleistungen und Produkten informieren.
- Gäste unter Berücksichtigung ihrer Wünsche beraten.
- Mitteilungen und Aufträge entgegennehmen und weiterleiten.
- Arbeitsplatzbezogene schriftliche Arbeiten ausführen.
- Reservierungspläne bearbeiten und Zimmerbelegung festlegen.

- Reservierungswünsche entgegennehmen, Reservierungen ausführen.
- Informations- und Kommunikationstechniken aufgabenorientiert einsetzen.
- Korrespondenz führen.
- Gästeaufträge ausführen.
- Erbrachte Leistungen buchen.
- Gastrechnung erstellen und abrechnen.
- Mit Reisebüros und Veranstaltern abrechnen.
- Einfache Auskünfte in einer Fremdsprache erteilen.
- Währungen umrechnen.

Bereich C:
- Reklamationen entgegennehmen, bearbeiten und Lösungen aufzeigen.
- Sprachliche und nichtsprachliche Ausdrucksmöglichkeiten anwenden.
- Gespräche gäste- und unternehmensorientiert führen.

Bereich D:
- Verkaufsfähigkeit von Produkten prüfen.
- Aufguss- und Heißgetränke zubereiten sowie Getränke ausschenken.
- Gästeräume angebots- und anlassbezogen herrichten.
- Anlassbezogene Dekorationen ausführen.
- Arbeitsschritte planen.
- Arbeitsplatz unter Berücksichtigung hygienischer und ergonomischer Anforderungen vorbereiten.
- Arbeitsvorbereitungen bereichsbezogen durchführen.
- Bei Service- und Menübesprechungen mitwirken.
- Gäste empfangen und betreuen.
- Gastgeberfunktion wahrnehmen.
- Gäste unter Berücksichtigung ihrer Wünsche beraten.
- Speisen und Getränke servieren und ausheben.

Für die Bearbeitung der jeweiligen Aufgabe kann verlangt werden, dass über die praktische Tätigkeit hinaus Aufgabenteile oder ganze Aufgaben schriftlich – vor allem auch mit Hilfe der EDV – gelöst werden müssen.

A Erarbeiten einer Prüfliste, Kontrollieren und Herrichten eines Gastraums anhand der Prüfliste

Die Prüfungsaufgaben aus diesem Bereich beziehen sich auf die Tätigkeit auf der Etage eines Hotelbetriebs und umfassen die Reinigung sowie die Kontrolle eines für den Gast vorbereiteten Zimmers.

Wird in der Prüfung die Aufgabe „Herrichten eines Gastraums" gestellt, weist man den Hotelfachleuten für die Reinigung jeweils ein Abreisezimmer zu, das dann innerhalb von 20 bis 30 Minuten für die Anreise der nächsten Gäste herzurichten ist. Die erforderlichen Arbeits- und Reinigungsmittel sowie Wäsche und Gästeartikel werden im Prüfbetrieb bereitgestellt.

Für die Aufgabe „Kontrollieren eines Zimmers" wird dem Prüfling ein vorher präpariertes Zimmer, in dem „Fehler" eingebaut wurden, zugewiesen. Er hat dann während seiner Kontrolle diese zu finden und gleichzeitig zu notieren. Die Zeitvorgabe hierfür beträgt üblicherweise etwa 10 Minuten. Unter anderem können folgende Fehler eingebaut sein: Verschmutzungen im Bad (Haare, Zahnpastareste) und im Zimmer (Glasränder auf Tischen), unordentlich platzierte Vorhänge (halb aufgezogen), „liegen gebliebene Sachen" (Wäschestücke, Schirm, Schlüsselbund) oder „Müll" in Schränken, Schubladen oder unter dem Bett, defekte (locker gedrehte) oder ganz entfernte Glühbirnen aus verschiedenen Lampen, unordentlich aufgezogene oder falsch platzierte Bettwäsche (Kopfkissen mit der Öffnung nach oben, Namenseinwebung steht auf dem Kopf). Erfahrungsgemäß werden es nur solche Fehler sein, die in jedem durchschnittlichen Hotelzimmer üblicherweise anfallen können. Die spezifischen Standards des Prüfbetriebs können dem Prüfling nicht bekannt sein und somit auch nicht bewertet werden. Dennoch sollten sich die Kandidaten – nach dem Erhalt der Einladung zur praktischen Prüfung – über den Betrieb informieren und möglicherweise die Räumlichkeiten (Zimmer) besichtigen. Viele Prüfungsausschüsse laden von sich aus die Prüflinge zu einer Information über den Ablauf der Prüfung vorher ein.

Nachfolgend werden die wesentlichen Tätigkeiten auf der Etage bei der Reinigung von Gästezimmern beschrieben.

Arten der Reinigung und Anwendung der Arbeitsmittel

Um die Sauberkeit und Hygiene in allen Räumlichkeiten ständig zu gewährleisten, müssen die Räume einer regelmäßigen Reinigung (= trockenes und feuchtes Entfernen von Schmutz) unterzogen werden.
Die Reinigung richtet sich nach der Art und der Beschaffenheit der Oberflächen.

Trockenreinigung

Kehren	Entfernen von trockenem, lockerem Schmutz auf Fußböden.
Staub wischen	Entfernen von Staub auf allen glatten Oberflächen und auf Wandbelägen.
Staub saugen	Entfernen von Staub und Schmutz auf Teppichen, Polstermöbeln und anderen textilen Materialien.

Arbeitsmittel: Kehrbesen, Handbesen, Kehrschaufel, Staubtuch (nicht fusselnd und antistatisch), Staubsauger (mit hoher Saugleistung).

Feuchtreinigung

Wischen	Lösen und Entfernen von anhaftendem Schmutz auf glatten Oberflächen.
Desinfizieren	Beseitigung von Schmutz und Abtöten von Mikroorganismen, hauptsächlich im Sanitärbereich und bei Türklinken.

Arbeitsmittel: Je nach Anwendungsgebiet mechanische Arbeitsmittel und Geräte wie Scheuer- und Putztücher, Fensterleder, Schwämme, Bürsten, Schrubber, Wischmopps, Wasserschieber und Leiter sowie Maschinen wie Nasssauger, Hochdruckreiniger, Shampoonier- und Bohnermaschinen. Außerdem lauwarmes bis heißes Wasser und – je nach Verschmutzung und Anwendungsbereich – unterschiedliche Reinigungsmittel.

Die verschiedenen Reinigungsmittel werden nach dem Lösungsmittelanteil wie folgt unterschieden:

Lösungsmittelfreie Reinigungsmittel

- Schmierseife, Neutralseife, grüne Seife, Spülmittel

  Reinigungsmittel auf Seifenbasis mit natürlichen Tensiden, die auch fettlösende Wirkung haben, für die universelle Reinigung von Kunststoff, Glas, Keramik, Steinzeug und Edelstahl.

- Verdünnte Essig- bzw. Zitronensäure

  Als 3%ige Lösung zum Entkalken und Beseitigen von Kalkflecken auf beispielsweise Waschbeckenarmaturen.

- Spiritus

  Hauptsächlich für die Reinigung von Fliesen, Spiegeln, Fensterscheiben und Glasgegenständen wie Kronleuchtern geeignet.

- Universal- und Allzweckreiniger

  Reinigungsmittel mit synthetischen Tensiden für alle feucht abwaschbaren Flächen aus Edelstahl, Kunststoff, Glas, Keramik und Steinzeug.

- Scheuermittelreiniger, Schlämmkreide

  Reinigungsmilch oder -pulver (als Zusatz zum Putzwasser) mit Scheuermittelanteil auf mineralischer Basis für Dusch- und Badewannen, Waschbecken, Toiletten, keramische Fliesen und Steinfußböden.

- Desinfektionsreiniger

  Reinigungsmittel auf Alkoholbasis zum Abtöten von Mikroben im Sanitärbereich.

Lösungsmittelhaltige Reinigungsmittel

- Spezialreiniger

  Reinigungsmittel zum Entfernen von stark teer- und fetthaltigem Schmutz auf Fußböden, Fenstern, Metallen und Backöfen. Darf auf Flächen mit Farb- und Lackanstrichen bzw. Kunststoffen wegen der auflösenden Wirkung nicht angewandt werden.

- Aceton, Nagellackentferner

  Chemisches Lösungsmittel zur Entfernung von Lack-, Harz-, Klebstoff- und Teerverschmutzungen.

- Fleckenwasser

  Mittel zum Entfernen von Flecken aller Art.

- Salmiak

  Reinigungsmittel zur Entfernung von Farbflecken.

Pflege

Um bestimmte Oberflächen vor schädigenden Einflüssen zu schützen und deren ansprechendes Aussehen und Glanz zu erhalten, werden nach der Reinigung Pflegemittel angewandt, die auch nach deren Lösungsmittelanteil unterschieden werden.

Lösungsmittelfreie Pflegemittel
- Selbstglanz-Emulsionen, Wischwachse, Wischglanzmittel
  Pflegemittel zur Anwendung auf versiegelten Parkettböden sowie auf Kunststoffböden, das ein Nachpolieren erspart.
- Möbelwachs, Möbelpolitur
  Poliermittel für die Oberflächenbehandlung von Möbeln, Türen und Holzwänden.

Lösungsmittelhaltige Pflegemittel
- Bohnerwachse
  Pflegemittel zum Oberflächenschutz von unlackierten und unversiegelten Holzfußböden.

Lösungsmittelhaltige Reinigungs- und Pflegemittel sind stark umweltbelastend sowie feuergefährlich, und die aufsteigenden Dämpfe sind gesundheitsgefährdend. Aus diesen Gründen sollte auf die Verwendung dieser Produkte verzichtet werden. Kommen solche Mittel trotzdem zum Einsatz, müssen die behandelten Räume auf jeden Fall gut gelüftet werden.

Arbeitsschritte bei der Reinigung eines Abreisezimmers

- Nach dem Abstellen des Etagenwagens in Zimmernähe wird (unter Beachtung des „Bitte-nicht-stören!"-Schilds) zweimal deutlich angeklopft, aufgeschlossen und das Zimmer betreten. Beim gesamten Reinigungsvorgang bleibt die Zimmertür offen.
- Die Vorhänge werden geöffnet und die Räumlichkeiten auf liegen gebliebene Sachen überprüft.
- Das Frühstückstablett wird ins Etagenoffice gebracht, der Aschenbecher, der Papierkorb und der Mülleimer aus dem Bad werden geleert, gesäubert und zurückgestellt.
- Die Bettwäsche wird abgezogen, zusammen mit der Schmutzwäsche aus dem Bad entfernt und im Wäschesack am Etagenwagen deponiert. Auf dem Rückweg wird frische Wäsche ins Zimmer mitgenommen.
- Das Fenster bzw. die Balkontür wird zum Lüften geöffnet. Dabei wird die Heizung abgedreht.

Reinigung des Badezimmers

- Im Bad wird als Erstes WC-Reiniger zum Einwirken in die Toilette gegeben.
- Die Spiegelflächen, Wandfliesen und Duschtrennwände werden von oben nach unten und von links nach rechts gereinigt.
- Die Abluftgitter in der Wand oder der Decke werden abgewischt und Flusen daraus entfernt
- Im Bereich der Badewanne/Dusche werden die Armaturen gereinigt – dabei Kalk- und Seifenreste entfernt – und poliert. Die Verschlüsse der Abflüsse werden von Haaren und Schmutz befreit, gesäubert und auf Dichtigkeit überprüft.
- Die Wannen selbst werden gescheuert, mit Wasser nachgespült und trockengewischt.
- Am Waschbecken werden die Beleuchtung, der Spiegel und die Ablage für die Toilettenartikel gereinigt und trockenpoliert.
- Die Zahnputzgläser sowie eventuell benutzte Gläser aus dem Wohnbereich werden gespült und mit einem speziellen Gläsertuch poliert.
- Das Toilettenbecken wird innen und außen, der Toilettensitz und -deckel beidseitig gründlich gereinigt. Die WC-Bürste wird gereinigt und das Toilettenpapier auf Vollständigkeit überprüft. Es sollte eine volle Reserverolle und eine mehr als halb volle Rolle mit sauber gefaltetem Rollenanfang vorhanden sein.
- Das Waschbecken gilt während der Badezimmerreinigung als Wasserreservoir und wird erst vor dem Wischen des Bodens genauso wie Badewanne und Dusche gereinigt. Dabei werden auch die Armaturen, der Waschbeckenüberlauf, die Unterseite des Waschbeckens und das Abflussrohr (Siphon) gesäubert.
- Die Badezimmerartikel und -wäsche werden – je nach Standard des Hotels – aufgefüllt und bereitgelegt.
- Die Bodenfliesen werden gewischt und dabei auch der Wasserabfluss gereinigt.
- Vor Verlassen des Badezimmers wird eine letzte Sichtkontrolle vorgenommen.

Reinigung des Gästezimmers

- Die Matratze, das Deckbett und das Kopfkissen werden frisch bezogen und wie im Hause üblich aufgelegt. Ist eine Tagesdecke vorhanden, wird sie anschließend platziert.
- Anschließend wird im Zimmer bei allen Einrichtungsgegenständen mit einem feuchten Tuch Staub gewischt. Dabei beginnt man links von der Eingangstür und arbeitet im Uhrzeigersinn und von oben nach unten. Dies hat den Vorteil, dass herabsinkender Restschmutz beim Reinigen der unteren Flächen restlos entfernt wird.
- Lampen, Radio, Fernseher und Telefon werden bei der Reinigung automatisch auch auf ihre Funktion überprüft. Bei Stehlampen mit Stoffschirmen werden die Nähte zur Wandseite ausgerichtet und der Zustand sowie die Anordnung der Elektrokabel kontrolliert.
- Bei der Reinigung von Schränken, Schubladen und Fächern wird auf Fundsachen geachtet und besonders bei Schränken der Zustand und die Vollständigkeit des vorgesehenen Inhalts (Kleiderbügel, Wolldecke, Wäschebeutel mit Preisliste, Schuhputztuch, Nähzeug, Safe usw.) überprüft.
- Alle Möbelstücke werden nicht nur gereinigt (solche mit Stoffbezügen müssen gesaugt werden), sondern im gleichen Arbeitsgang auch ausgerichtet.
- Die Minibar wird gereinigt, das entsprechende Zubehör (Gläser, Öffner, Preisliste) auf Zustand und Vollständigkeit kontrolliert und gegebenenfalls aufgefüllt.
- Die Fußleisten werden abgewischt und die Heizkörper entstaubt.
- Im Bereich der Fenster werden die Scheiben, die Rahmen sowie die Fensterbänke geputzt, und hinter den Vorhängen wird auch auf Spinnweben geachtet, die entfernt werden. Die Gardinen und Vorhänge werden geordnet, und die Heizung kann im Winter dann wieder leicht aufgedreht werden.
- Die Gästezimmerartikel werden – nach Standard des Hauses – aufgefüllt (Schreibmappe mit Briefpapier und -kuverts) und bereitgelegt (Fernsehzeitung mit aufgeschlagener Tagesseite).
- Erst wenn der Teppichboden des Zimmers nicht mehr betreten werden muss, kann gesaugt werden, wobei von der entferntesten Ecke beginnend zur Zimmertür hin gearbeitet wird.
- Nach einer letzten Sichtkontrolle wird das Licht gelöscht, der Raum verlassen und die Tür (ab-)geschlossen.

B Arbeiten am Empfang

Die Prüfungsaufgaben aus diesem Bereich beziehen sich auf die Tätigkeiten am Empfang, in der Reservierung und erfahrungsgemäß auch in der Bankettorganisation sowie im Verkauf. Praktische Prüfungsaufgaben sind hierbei schriftlich wie auch mit Hilfe der EDV zu bearbeiten und zu lösen. Die Bearbeitung von Prüfungsaufgaben mit dem PC ist davon abhängig, wie viele Prüflinge an einem Tag zur Abschlussprüfung anstehen und ob für alle Kandidaten gleich eingerichtete Computer-Arbeitsplätze vor Ort zur Verfügung stehen. Dies ist hauptsächlich bei praktischen Prüfungen, die an den Berufsschulen stattfinden, möglich. Da diese meist über die entsprechenden Einrichtungen verfügen, kann beispielsweise eine der zwei weiteren Prüfungsaufgaben ausschließlich mit Hilfe eines Textverarbeitungsprogramms am PC bearbeitet und gelöst werden. Auf diese Weise können sehr viele Kandidaten, wie sie z. B. in Süddeutschland regelmäßig zu den Sommerexamen anstehen, auf einmal geprüft werden.

Inhaltlich können sich die Aufgaben auf die Bearbeitung von Reservierungen, das Erstellen von Rechnungen und das Erledigen von Korrespondenz beziehen. Bei der Briefgestaltung ist der DIN-Norm zu folgen (siehe nebenstehendes Muster).

Bei der Bearbeitung von Prüfungsaufgaben mit der EDV beziehen sich die Anforderungen auf die Beherrschung eines Textverarbeitungsprogramms wie beispielsweise Word for Windows. Folgende Formatierungsanforderungen können dabei gestellt werden:
- Schriftart ändern
- Schriftgröße ändern
- fett, kursiv, unterstreichen
- Seite einrichten, Seitenränder, Papierformat
- Sonderzeichen (Symbole) einfügen
- Kopf-, Fußzeile bearbeiten
- Textfeld einfügen
- Grafik einfügen (Eigenschaften verändern, z. B. Größe, Wasserzeichen, Ort)
- WordArt-Text einfügen
- Zeichen formatieren (z. B. doppelte Unterstreichung)
- Rahmen und Rahmenlinien auf Text bzw. Absatz anwenden
- Schattierung auf Text bzw. Absatz anwenden

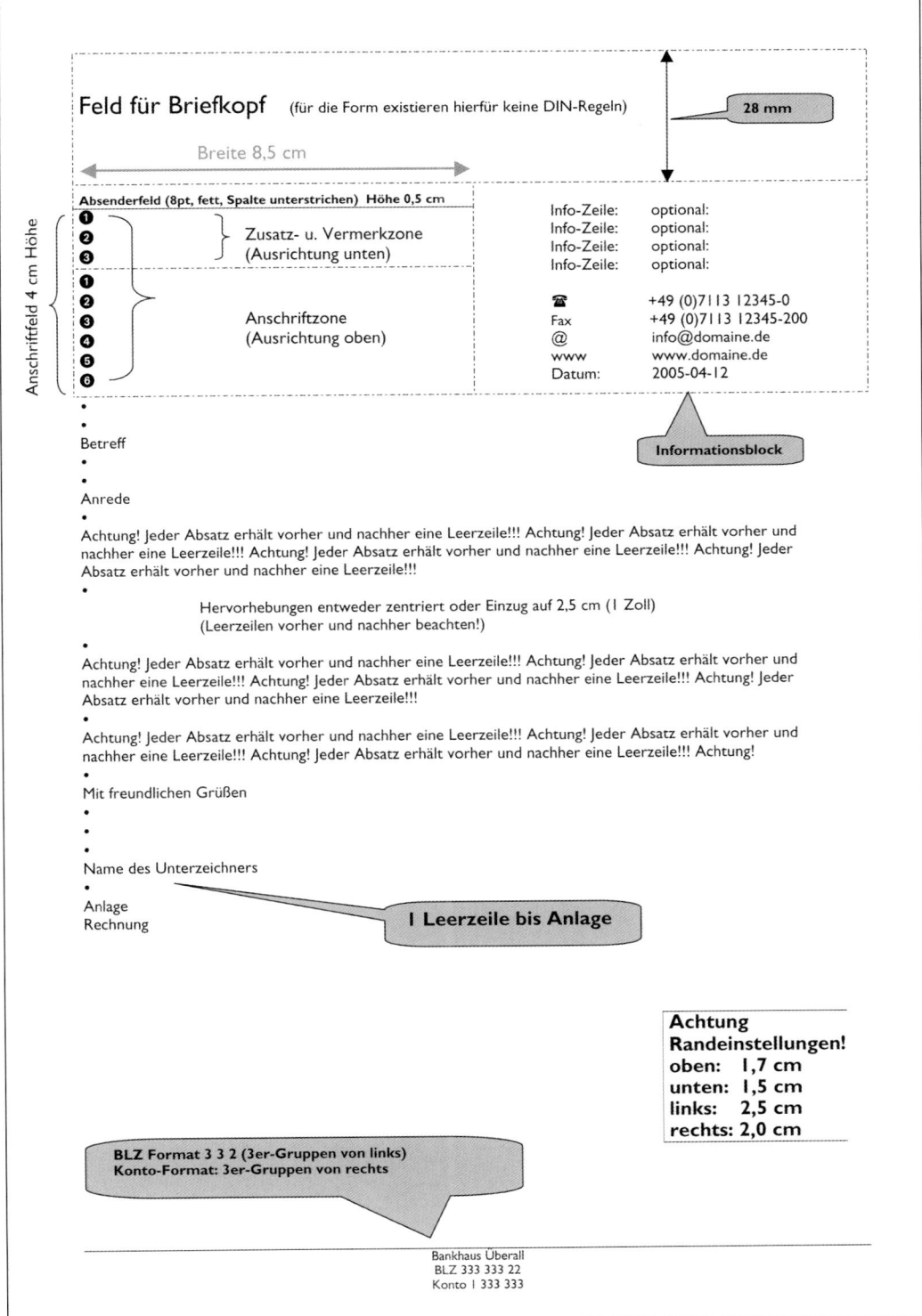

- Einzüge und Absätze ändern
- Tabulatoren setzen
- Spalten anlegen
- Tabellen anlegen
- Absatzformatierung (rechtsbündig, linksbündig, zentriert, Blocksatz)
- AutoFormen einfügen

Beispielsaufgaben (Bearbeitung mit der EDV)

Aufgabe 1: Bearbeitung einer Veranstaltungsreservierung

Sie arbeiten in Ihrem Betrieb im Verkauf. Ihre Abteilungsleiterin, Frau Erika Kübler, führte heute eine Veranstaltungsabsprache mit Herrn Dr. Schmidt. Sie bittet Sie, folgende Arbeiten zu erledigen:

a) **Schriftliche Bestätigung (DIN-gerechter Geschäftsbrief)** sämtlicher Absprachen bezüglich der geplanten Veranstaltung. Verwenden Sie das heutige Briefdatum, und halten Sie sich dabei an die Vorgaben des Beispiels 1 „Briefkopf" (Seite 106).

b) **Erstellen einer Menükarte mit den korrespondierenden Getränken** als Anlage zu dem Bestätigungsschreiben. Halten Sie sich dabei an die Vorgaben des Beispiels 2 „Menükarte" (Seite 106).

Frau Kübler überreicht Ihnen zur Erledigung dieser Aufgaben den von ihr während des Gesprächs erstellten Veranstaltungsauftrag mit den Belegen 1 bis 4.

Achtung: Beleg 1 und 2 enthalten Getränke und Menügänge in noch nicht geordneter Form. Bringen Sie diese in die richtige Reihenfolge! Außerdem konnten sich Frau Kübler und Dr. Schmidt während ihres Gesprächs noch nicht auf einen Dessertgang festlegen. Deshalb stehen noch 3 Dessertgänge auf dem Beleg Nr. 2 zur Auswahl, von denen noch einer ausgewählt werden muss. Frau Kübler und Herr Dr. Schmidt verlassen sich dabei auf Ihr Urteil. Also entscheiden Sie sich für das passende Dessert, und informieren Sie im Brief Herrn Schmidt, warum Sie sich für das Dessert bzw. gegen die zwei anderen entschieden haben. Urteilen Sie bitte nur aus menüfachlicher Sicht!

Veranstaltungsauftrag:	Lfd. Nr. 111

Datum: Mittwoch, 13. Nov. d. J.   **Art der VA:** 60. Geburtstag
Zeit: 10.30 Uhr   **Personen:** 30   **Raum:** Madrid
Veranstalter   Dr. Christian Schmidt, Bankdirektor
Bestellt durch   Dr. Schmidt
Adresse und Rechnungsanschrift   Bankhaus Metzler, 12345 A-Stadt, B-Platz 1
Als **Privatpost** an Herrn Bankdirektor Dr. Schmidt senden
angenommen am: 5. November   **durch:** Kübler
Tel. ❏   Kor. ❏   Persönlich ☒

Beleg 1 zu Veranstaltungsauftrag lfd. Nr. 111

zum Empfang (ab 18.45 Uhr, Menü dann ab 19.30 Uhr)
Sekt Geldermann Rosé, Privatsektkellerei Geldermann, Breisach/Rhein

zum Menü
- Jahrgang 2...er Merdinger Attilafelsen, Kabinett, trockener Spätburgunder, Winzergenossenschaft Merdingen
- 2...er Oberrotweiler Henkenberg, Trockenbeeren-Auslese, Ruländer, Weingut Müller, Oberrotweil
- Jahrgang 2...er Markgräfler Land/Baden, Schliengener Sonnenstück, Gutedel Kabinett trocken, Winzergenossenschaft Schliengen

Digestif und Kaffee nach Wahl

Abrechnung nach Verbrauch
Preis nach Karte

Kübler

Beleg 2 zu Veranstaltungsauftrag lfd. Nr. 111

Menüpreis: 49,00
4 Gänge

Steak vom Angusrind mit bunten Bohnen
und süßen Kartoffeln
Essenz von Austerpilzen
Marinierter Wildlachs mit Thymian-Honig-Sauce
Variationen von Erdbeeren und Rhabarber
Karamellisierte Kastanien im Honigmantel
Kürbistorte mit Ahornsabayon und Karamelleis

> **Beleg 3 zu Veranstaltung lfd. Nr. 111**
> ```
> Vereinbarung über Menükarten, Anzahl 20,
> Preis je Stück 2,00                        Kübler
> ```

> **Beleg 4 zu Veranstaltung lfd. Nr. 111**
> ```
> Blumen: Vereinbarung über Gestecke,
> Anzahl 5, VK je Stück 15,00                Kübler
> ```

Beispiel 1 für den Briefkopf

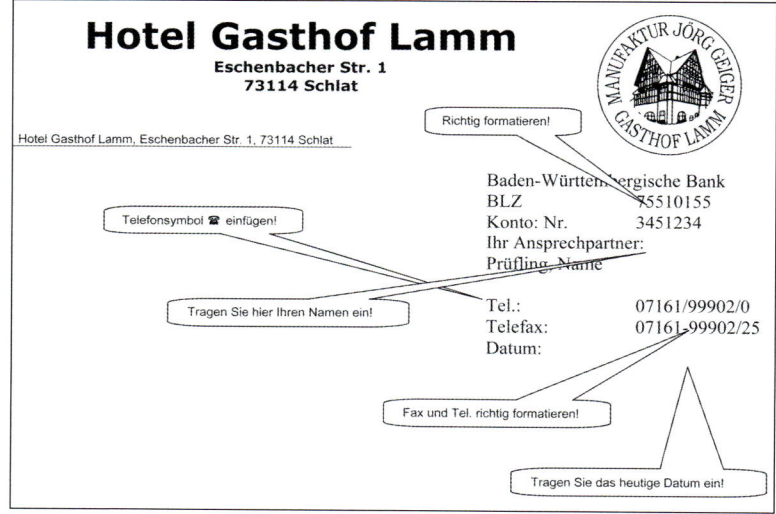

Beispiel 2 für eine Menükarte dieses Hotels. Versuchen Sie, für Ihre Aufgabe diese Vorgaben umzusetzen!

Vorgehensweise:

- Öffnen Sie die Dokumente „Brief" und „Menü", und verwenden Sie diese als Vorlage. Sie finden die Dateien in dem Verzeichnis „Aufgaben auf „server".
- Erstellen Sie für die Datei Menükarte eine Fußzeile mit Ihrem Namen, damit der Ausdruck Ihnen zugeordnet werden kann.
- Speichern Sie Ihre Dateien ab ins Verzeichnis H:\Sammelordner (zwischenspeichern nicht vergessen!).
- Drucken Sie Ihre Ergebnisse aus. Geben Sie die Ausdrucke versandfertig ab.

Viel Erfolg!

Lösungsvorschläge für Aufgabe 1

Hotel Gasthof Lamm
Eschenbacher Str. 1
73114 Schlat

Hotel Gasthof Lamm, Eschenbacher Str. 1, 73114 Schlat

Herrn Bankdirektor	Baden-Württembergische Bank
Dr. Christian Schmidt	BLZ 755 101 55
Bankhaus Metzler	Konto: Nr. 3 451 234
B-Platz 1	
12345 A-Stadt	Ihr Ansprechpartner: Prüfling, Name
	☎ 07161 99902-0
	Telefax: 07161 99902-25

Bestätigung Ihrer Veranstaltung ...

Sehr geehrter Herr Dr. Schmidt,

- bedanken für den Auftrag

Bestätigung der Veranstaltung, dabei soll möglichst übersichtlich dargestellt werden (Hervorheben nach DIN):

- Veranstaltungsart (60. Geburtstag)
- Datum
- Personenzahl
- Beginn der Veranstaltung, Beginn des Menüs
- Raum
- Menüpreis
- Abrechnung Getränke zu den Preisen der Getränkekarte
- 35 Menükarten und Stückpreis
- Blumengestecke – Vereinbarung und Preis

Dessertentscheidung: Variationen ... fallen weg wegen Jahreszeit, Kastanien wegen Honiganteil (Wiederholung bei der Sauce zum Wildlachs).

Wunsch zum Gelingen der Veranstaltung.

Mit freundlichen Grüßen

Name

Anlage
Menükarte

Beispiel für die Bewertung der Prüfungsleistungen bei dieser Aufgabe

Bereich	Bewertung	erreichte Punkte	Faktor	Gesamt-punkte
Anschreiben DIN 5008	15			
Korrekte Anschrift	15			
Telefonsymbol	5			
Betreff	5			
Korrekte Anrede	5			
Unterschrift	5			
Anlagenvermerk	10			
Korrekte Zeilenabstände	12		1	
Formatierung Anschreiben				
Datum	5			
BLZ, Konto, Telefon, Fax	8			
Unterzeichnerangabe	10			
Übersichtlichkeit (z. B. Hervorhebung wichtiger Inhalte, Absätze)	20			
	100			
Text				
Vollständigkeit:				
Betreff, Dank, Veranstaltungsart, -datum, Personen, Uhrzeiten, Raum, Menüpreis, Getränkeabrechnung, Menükarten und -preis, Blumengestecke und -preis, Dessertentscheidung, Schlusssatz	70		1	
Sprache, Ausdruck, Rechtschreibung	30			
	100			
Menükarte				
Querformat	10			
Proportionen – Einteilung des Blattes	10			
Speisen Reihenfolge – Vollständigkeit	20			
Getränke Reihenfolge – Vollständigkeit	20		1	
Speisen und korrespondierende Getränke auf gleicher Höhe	20			
Form – Kreativität	20			
	100			
Gesamtzahl				
Teiler			⇒	3
Punktezahl: Vorschlag für Endergebnis nach IHK-100-Punkteschlüssel:				

Aufgabe 2: Erstellen einer Rechnung

Sie arbeiten als Mitarbeiter/Mitarbeiterin im HOTEL GASTHOF LAMM (siehe unten).

Informationen zum Hotel:
Telefon: 0 71 61/9 99 02–0
Fax: 0 71 61/9 99 02–25
E-Mail: gasthof-lamm@t-online.de,
www: www.gasthof-lamm.com

Gast Bankdirektor Dr. Alois Schnell, Karlsruher Allee, 71234 Neckarburg, bucht am 28. August für sich und 6 Mitarbeiter folgendes Arrangement in Ihrem Hotel:

Anreise: Samstag, 23.10., vor dem Abendessen
Abreise: Montag, 25.10., nach dem Mittagessen

Anzahl/Zi.	Zi.-Kat.	Leistung	Preis/Person/Nacht/VP
5	EZ/Bad/WC	VP	145,00
1	DZ/Bad/WC	VP	120,00

Nach regulärer Anreise am Samstag reisen die Gäste am Sonntag, dem 24.10., vor dem Abendessen wegen dringender geschäftlicher Termine ab. Es gelingt Ihnen nicht, die Zimmer so kurzfristig weiterzuvermieten.

An Leistungen fielen weiterhin an:

Datum	Leistungen	Preis
23.10.	Getränke Restaurant lt. Beleg Nr. R 334	123,60
23.10.	Minibar lt. Beleg	23,50
23.10.	Auslagen für 7 Theaterkarten, gesamt	210,00
24.10.	Telefoneinheiten lt. Beleg Nr. T 559	34,50

Weitere Angaben:
Einzelzimmer (Zimmernummern)   #106, #107, #109, #123, #206
Doppelzimmer (Zimmernummern)   #205

Teil A

Schreiben Sie mit eigenem Namen und als Verantwortliche/er für dieses Hotel einen DIN-gerechten Brief an Herrn Dr. Schnell.

Achten Sie dabei darauf, dass trotz dieser Ausfallrechnung weitere Geschäftsbeziehungen zwischen Ihnen und Dr. Schnell möglich bleiben. Überlegen Sie dazu einen sinnvollen Text und passende Formulierungen. Erstellen Sie den Brief nach neuesten DIN-Regeln mit Infoblock gemäß der Vorlage.

➲ Fügen Sie die Grafik CD-ROM (R)\IHK-Prüfung Herbst\logo-lamm entsprechend ein.

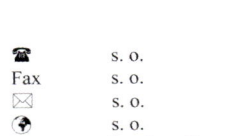

➲ Fügen Sie eine Fußzeile unter Beachtung der DIN-Regeln mit folgendem Inhalt ein:

Stuttgarter Bank
BLZ 75510155
Kto-Nr.: 3451234

➲ Speichern Sie den Brief ab unter: X:\einsammeln\Brief-mein Nachname.

Teil B

Erstellen Sie als Anlage zu dem Brief die Rechnung. Verwenden Sie die vom DEHOGA veröffentlichten Erfahrungssätze für die Berechnung von Ausfallrechnungen für die nicht in Anspruch genommenen Leistungen! Als Briefkopf verwenden Sie die Kopie aus dem von Ihnen in Nr. 1 erstellten Brief. (Markieren – Kopieren – Einfügen)

Verwenden Sie für die Auflistung der Leistungen folgende Einteilung der Tabelle:

Datum	Anzahl	Leistung	Einzelpreis	Gesamtpreis

Achten Sie dabei besonders darauf,
- dass die Leistungen transparent und übersichtlich dargestellt werden, so dass Dr. Schnell nachvollziehen kann, wie der von Ihnen geforderte Rechnungsbetrag zustande kommt.
- Dass die im Rechnungsbetrag enthaltene Mehrwertsteuer auf der Rechnung ausgewiesen wird.
- Räumen Sie ein Zahlungsziel von 4 Wochen ein.
- Speichern Sie die Rechnung ab unter: X:\einsammeln\Rechnung-mein Nachname.

Lösungsvorschläge für Aufgabe 2

Begleitschreiben zur Rechnung

Hotel Gasthof Lamm

Hotel Gasthof Lamm, Eschenbacher Str. 73114 Schlat

Eschenbacher Str. 1
73114 Schlat

Herrn Bankdirektor
Dr. Alois Schnell
Karlsruher Allee
71234 Neckarburg

☎ 07161 99902-0
Fax 07161 99902-25
✉ gasthof.lamm@t-online.de
🌐 www.gasthof-lamm.com
Datum: heutiges Datum

Rechnung – Ausfallrechnung

Sehr geehrter Herr Dr. Schnell,

Sie haben am 28. August 5 EZ/VP und 1 DZ/VP für den Zeitraum von Samstag, 23. Oktober, bis Montag, 25. Oktober, in unserem Hause gebucht. Am 24. Oktober ist die gesamte Gruppe vorzeitig abgereist. Leider konnten wir die frei gewordenen Zimmer nicht weitervermieten. Wir verrechnen den vom DEHOGA empfohlenen Erfahrungssatz für nicht in Anspruch genommene bestellte Leistungen in Höhe von 60 %.

Berücksichtigung zukünftiger Geschäftsbeziehungen durch z. B.

- *Höherstufung der Zimmerkategorie bei nächstem Aufenthalt.*
- *Rabatt beim nächsten Aufenthalt.*
- *Beigelegte Gutscheine, die beim nächsten Aufenthalt eingelöst werden können.*
- *Bedauern der Ausfallrechnung mit Hinweis auf bereits reduziertes Angebot usw.*

Mit freundlichen Grüßen

Name, Vorname

Anlagen
Rechnung
Belege:
– Minibar
– Telefoneinheiten
– Theaterkarten (Auslagen)

Stuttgarter Bank
BLZ 755 101 55
Kto-Nr.: 3 451 234

Ausfallrechnung

Hotel Gasthof Lamm

Hotel Gasthof Lamm, Eschenbacher Str. 73114 Schlat

Eschenbacher Str. 1
73114 Schlat

Steuernummer: #######

Herrn Bankdirektor
Dr. Alois Schnell
Karlsruher Allee
71234 Neckarburg

☎ 07161 99902-0
📠 07161 99902-25
✉ gasthof.lamm@t-online.de
🌐 www.gasthof-lamm.com
Datum: heutiges Datum
EZ: #106, #107, #109, #123, #206
DZ: #205
Anreise: 23. Oktober
Abreise: 24. Oktober

Rechnung – Ausfallrechnung Nr. ####

Sehr geehrter Herr Dr. Schnell

Wir bedanken uns für Ihren Aufenthalt und berechnen:

Datum	Anzahl	Leistung	Einzelpreis	Gesamtpreis
23.10.	1	Getränke Restaurant lt. Beleg Nr. R334	123,60 €	123,60 €
23.10.	1	Minibar lt. Beleg	23,50 €	23,50 €
24.10.	5	Einzelzimmer / VP	145,00 €	725,00 €
24.10.	2	Doppelzimmer / VP	120,00 €	240,00 €
24.10.	1	Telefoneinheiten lt. Beleg Nr. T559	34,50 €	34,50 €
25.10.	5	Einzelzimmer / VP (60 %)	87,00 €	435,00 €
25.10.	1	Doppelzimmer / VP (60 %)	72,00 €	72,00 €
		Zwischensumme		1.003,60 €
23.10.	1	Auslagen für 7 Theaterkarten lt. Beleg, gesamt	210,00 €	210,00 €
		Rechnungsbetrag		1.213,60 €

Im Betrag von 1.003,60 € sind 16 % MwSt = 138,43 € enthalten. Nettobetrag: 864,57 €

Bitte überweisen Sie den Betrag von 1.213,60 € ohne Abzug bis spätestens 23. November auf unser angegebenes Konto.

Mit freundlichen Grüßen

Name, Vorname

*Beispiel für die Bewertung der Prüfungsleistungen
bei dieser Aufgabe*

Bewertung durch EDV-Lehrer				
Bereich	Bewertung	erreichte Punkte	Faktor	Gesamtpunkte
Brief: Inhalt Info-Block (Inhalt) Fensterzeile Anschrift Anrede Anlagen	6 4 4 2 4			
Brief: Formatierung Hotelname in WordArt (ähnlich Beispiel!) Infoblock (Ausrichtung des Inhalts) Sonderzeichen Unterzeichnerangabe Fußzeile Grafik Zeilenabstände	5 2 4 2 5 5 7		1	
Brief: Text (Inhalt siehe unten) Stil, Ausdruck, Rechtschreibung	25			
Rechnung: Tabelle gemäß Vorlage, Ausrichtung und Formatierung durchgehend identisch Rechnungstabelle und Inhalte transparent und für den Gast nachvollziehbar Briefkopf: Übernahme aus Brief	10 10 5 100	_____		_____
Bewertung durch Prüfungskommission				
Brief Inhalt, Vollständigkeit, Angemessenheit	25			
Rechnung Rechnerische Richtigkeit ohne Mwst. Mwst.-Berechnung (Achtung: Prinzip der korrekten Berechnung der Mwst. [auch aus falschem Betrag] würdigen [16 % aus 116 %])!	50 25 100	_____	1	_____
Gesamtzahl				
Teiler			$\Rightarrow$	2
	Punktezahl nach IHK-100-Punkteschlüssel:			

Aufgabe 3: Erstellen einer Gastrechnung und Durchführen der Abreiseformalitäten

Diese Aufgabe kann in 2 Teilen, erst schriftlich (auch mit Hilfe der EDV) und anschließend praktisch als Rollenspiel, durchgeführt werden.

Ausgangssituation:
Sie sind Mitarbeiter(in) der Empfangsabteilung im

> Hotel Gasthof Lamm
> Eschenbacher Str. 1
> 73114 Schlat
> ☎ 07161/9 99 02–0
> 📠 07161/9 99 02–25
>
> Bankverbindung:
> Baden-Württembergische Bank
> BLZ   755 101 55
> Konto-Nr. 3 451 234

Die unten aufgeführten Gäste haben zwei Nächte im Hotel gewohnt. Sie reisen heute (Ihr Prüfungstag!) ab.

Teil A
Erstellen Sie die Rechnung für das folgende Fallbeispiel:

Name/Adresse	Hubert Meyer Falkengasse 114 98765 Berlin
Zimmernummer Personenzahl	206 2
Preis pro Nacht und Zimmer inklusive Frühstück	150
Restaurant Vorgestern Gestern	 2 x Menü I à 24,50 1 Flasche Perrier à 5,50 1 Flasche Chianti à 31,00
Minibar Vorgestern Gestern Heute	
Bar Vorgestern Gestern	 2 Cappuccino à 3,50
Pay-TV Vorgestern Gestern	

Telefon	
Vorgestern	
Gestern	22 Einheiten à 0,40
	03 Einheiten à 0,40
Heute	
Wellness	
Vorgestern	
Gestern	

Teil B

Führen Sie die Abreise im Rollenspiel mit den „Gästen" durch.

Beispiel für die Bewertung der Prüfungsleistungen bei dieser Aufgabe

Bewertung der Rechnung (maximal 40 Punkte):

Bewertungskriterien	Sollpunkt-zahl	Erreichte Punktzahl	Anmerkungen
Name und Anschrift des Hotels	2		
Steuernummer des Hotels	3		
Name und Anschrift des Gastes	2		
Rechnungsdatum	2		
Rechnungsnummer	2		
An- und Abreisedaten	2		
Zimmernummer	2		
Leistungen nach Art, Umfang, Datum und Entgelt in Euro	8		
Gesamtbetrag	3		
Mehrwertsteuer korrekt ausgewiesen	4		
Layout der Rechnung	4		
Belege vollständig und korrekt	6		
Summe:	40		

Bewertung des Rollenspiels „Abreise" (maximal 60 Punkte):

Bewertungskriterien	Sollpunkt-zahl	Erreichte Punktzahl	Anmerkungen
Gast mit Tagesgruß begrüßen	2		
Name und Zimmernummer erfragen	2		
Ab hier: Gast mit Namen anreden	3		
Augenkontakt halten	2		
Frage nach Minibar …	2		
Rechnung vorlegen und erläutern	3		
Belege vorlegen	2		
Frage nach Rechnungsanschrift	2		
Zahlungsart erfragen	2		
Währungsrechnen	5		
Umgang mit Kreditkarte	5		
Zahlungsart und Rechnungsausgleich	3		
Rechnung aushändigen	2		
Hilfen anbieten (Gepäck, Taxi …)	3		
Frage nach dem Zimmerschlüssel	2		
Umgang mit Reklamation oder Frage z. B. nach dem Weg	6		
Verabschiedung	2		
Freundlichkeit während des ganzen Gesprächs	6		
Souveränität/Schnelligkeit/Gewandtheit	4		
Telefonische „Störung"	2		
Summe:	**60**		

Gesamtbewertung „Rechnungserstellung" und „Abreise«

Rechnung (höchstens 40 Punkte)	Check-Out (höchstens 60 Punkte)	Gesamtpunkte (höchstens 100 Punkte)

C Bearbeiten einer Reklamation

Eine Prüfungsaufgabe aus diesem Bereich kann entweder schriftlich zu bearbeiten sein oder als Rollenspiel mit einem Mitglied der Prüfungskommission, das den reklamierenden Kunden spielt, absolviert werden. Bei der schriftlichen Bearbeitung ist möglicherweise ein Beschwerdebrief zu beantworten, wobei in die Bewertung nicht nur die Form des Geschäftsbriefs (DIN-Norm), sondern vor allem auch der Inhalt einfließt. Die Durchführung und Bewertung des Rollenspiels entspricht weitestgehend dem Prüfungsteil „Führen eines gastorientierten Gesprächs", wobei der Wiederherstellung der Kundenzufriedenheit am Ende der Unterredung eine wesentliche Bedeutung zukommt.

In welcher Form auch immer die Aufgabe gestellt wird, die Annahme und Bearbeitung von Reklamationen folgt bestimmten Regeln und hat zum Ziel, den Kunden für das Unternehmen nicht zu verlieren. Die wesentlichen Schritte und Vorgehensweisen bei der Entgegennahme und Bearbeitung von Reklamationen werden nachfolgend beschrieben.

Reklamationen annehmen und bearbeiten

Eine Reklamation ist eine Unmutsäußerung des Gastes, mit der von ihm angezeigt wird, dass er mit einer Leistung des Betriebs nicht zufrieden ist. Alle Beanstandungen müssen vom Personal ernst genommen und gastorientiert bearbeitet werden. Vor allem bei gefühlsbetont vorgetragenen Beschwerden ist es die Aufgabe der Mitarbeiter, ruhig und sachlich zu bleiben, die Reklamation zügig und angemessen zu regulieren und somit versuchen, die Gästezufriedenheit wieder herzustellen.

Die gefährlichste Reklamation für den Betrieb ist die, die vom Gast nicht ausgesprochen wird. Der verärgerte Gast, der seine Beschwerde nicht anbringen kann, wird in Zukunft ausbleiben und zusätzlich als Negativmultiplikator wirken. Deshalb muss das Personal es dem Gast durch offene Nachfragen erleichtern, zu reklamieren. Dabei kann es zeigen, dass es an der ehrlichen Meinung des Gastes interessiert ist und den Missstand so schnell wie möglich beseitigen will.

Eine offen geäußerte Reklamation ist für den gastronomischen Betrieb eine Chance, einen Fehler zu erkennen, zu beseitigen und durch Ergreifung entsprechender Maßnahmen ihn in Zukunft zu vermeiden.

Für die Behandlung von Reklamationen gibt es keine Universallösung, da jede Beschwerdesituation anders ist und individuell bearbeitet werden muss. Dabei ist es zweitrangig, ob die Beanstandungen berechtigt sind oder nicht. In jedem Fall müssen sie ohne Zeitverzug und Aufsehen zu erregen, also möglichst nicht vor anderen Gästen, geklärt und bearbeitet werden.

Die Schritte bei der Annahme und Bearbeitung von Reklamationen kann man mit dem englischen Wort „L. E. A. R. N." (lernen) einprägsam abkürzen, wobei die Buchstaben die Initialen der englischen Worte für die einzelnen Bearbeitungsphasen ersetzen:

Listen = Zuhören
Empathy = Anteilnahme, Fähigkeit, sich in andere hineinzuversetzen
Apologize = Entschuldigen
Reaction = Reaktion, Regulierung
Notify = Benachrichtigen, weitermelden

Folgende Verhaltensweisen sind bei den einzelnen Bearbeitungsschritten zu beachten und anzuwenden:

Annahme
- Dem Gast aufmerksam und ruhig zuhören und ihn nicht unterbrechen.
- Unsachliche und persönliche Äußerungen möglichst überhören.
- Fingerspitzengefühl zeigen und Bloßstellung des Gastes vermeiden.

Anteilnahme
- Verständnis und Interesse ausdrücken sowie Betroffenheit zeigen.
- Reklamation nicht persönlich nehmen und freundlich bleiben.

Entschuldigung
- Sich persönlich und im Namen des Hauses entschuldigen.
- Keine Ausreden und Schuldzuweisungen an andere Personen.

Regulierung
- Reklamation, je nach Art und Schwere, kulant ausgleichen.
- Nachbesserung, Ersatz oder Preisminderung anbieten.
- Gegebenenfalls Artikel von der Rechnung streichen.
- Angemessene Entschädigung auf Kosten des Hauses anbieten.

Auswertung
- Reklamation intern weitergeben.
- Ursachen der Beschwerde ergründen.
- Fehlerquelle beseitigen bzw. Korrekturmaßnahmen für die Zukunft ergreifen.

D Servieren von Speisen und Getränken

Diese Aufgabe bezieht sich hauptsächlich auf die Durchführung des fachgerechten Speisen- und Getränkeservice.

Der organisatorische Ablauf dieses Prüfungsteils der praktischen Prüfung kann sich – je nach Kammerbezirk, Prüfungsausschuss, Prüfort und Anzahl der zu prüfenden Hotelfachleute – etwas unterschiedlich gestalten. In vielen Fällen werden die praktischen Abschlussprüfungen für Hotelfachleute sowie für Köchinnen und Köche zeitgleich parallel durchgeführt und mit einer Veranstaltung mit geladenen Gästen abgeschlossen. Der Prüfungsablauf entspricht somit der gastronomischen Praxis, die wichtige Zusammenarbeit beider Berufsgruppen wird gefördert und kann auch bewertet werden.

Die Prüfungsaufgabe für die Kochprüflinge besteht darin, am Prüfungstag ein 3-gängiges Menü für 6 Personen aus einem vorgegebenen Warenkorb zuzubereiten. Von den 6 Menüs werden 2 der Prüfungskommission der Köche zur Begutachtung präsentiert, die restlichen 4 werden von den zu prüfenden Hotelfachleuten den geladenen Gästen im Rahmen der Prüfungsaufgabe fachgerecht serviert. Obwohl die Veranstaltung hinsichtlich der Serviceart hauptsächlich ein Bankettservice ist, wird von den Prüflingen auch die Durchführung von Servicehandlungen aus dem À-la-carte-Service erwartet und bewertet. Der Ablauf dieses Prüfungsteils gliedert sich in den fachgerechten Getränke- und Speisenservice, wofür die wesentlichen Anforderungen und Regeln nachfolgend beschrieben werden.

Den Gästen, die von der Industrie- und Handelskammer zum Prüfungsessen eingeladen wurden, wird von den Prüflingen zunächst ein Aperitif, wie beispielsweise Misch- oder Mixgetränke, Campari, Sherry oder Sekt, angeboten. Die Aperitifauswahl und die Festlegung der sonstigen Getränke während des Essens werden vom Prüfungsausschuss in Abstimmung mit der Kammer getroffen.

Die Prüflinge sind anschließend für den Serviceablauf an einem Tisch mit 4 Personen alleine voll verantwortlich und werden sowohl für ihr Auftreten und Verhalten gegenüber den Gästen sowie für die Einhaltung der fachlichen Regeln bewertet.

Mise en place und Eindecken

Vor dem Beginn des Prüfungsessens müssen zuerst die Tische von den Kandidaten vorbereitet und eingedeckt werden. Diese Ergebnisse werden meistens in die Bewertung der Leistungen im Rahmen dieser Prüfungsaufgabe einbezogen.

Nachfolgend werden die wichtigsten Regeln zum Auf- und Eindecken bei Veranstaltungen beschrieben.

Mobiliar

Als Erstes werden die Tische gereinigt sowie die Tafel gestellt und ausgerichtet. Eventuelle Unebenheiten der Tische müssen unbedingt mit Korkscheiben oder den vorhandenen Verstellschrauben ausgeglichen werden. Wackelnde Stühle werden dagegen sofort ausgetauscht. Unsicher stehendes Mobiliar stellt immer ein Ärgernis für die Gäste dar!

Sollten für die Veranstaltung Einzeltische, z. B. runde Tische, vorgesehen sein, so verschafft man sich nach dem Stellen der Tische und Stühle von einer Seite des Raums einen Gesamtüberblick und kontrolliert dabei, ob alle Tische gleichmäßig im Raum verteilt sind. Außerdem sollte eine angemessene Lauffläche für das Servicepersonal berücksichtigt werden.

Tischwäsche

Sind die Tische und Stühle entsprechend der erwarteten Personenzahl verteilt, können die Moltons und anschließend die Tischdecken bzw. Tafeltücher aufgelegt werden. Dabei ist zu beachten, dass man dies grundsätzlich zu zweit machen sollte, um ein Verknittern zu verhindern.

Beim Auflegen von einzelnen Tischdecken auf lange Tafeln ist zu berücksichtigen, dass die erste auf dem Tafelende, das dem Eingang gegenüberliegt, platziert wird. Wird danach die zweite aufgelegt, so zeigt die Kante dieser Tischdecke vom Gäste-Eingang weg, und es ergibt sich von dort aus ein eleganteres Gesamtbild der Tischoberfläche.

Auch die Platzierung der Brüche der Tischdecken bzw. Tafeltücher ist zu berücksichtigen. Üblicherweise sollte sich der Oberbruch einer aufgelegten Tischdecke bzw. eines Tafeltuchs auf der gegenüberliegenden Seite oder der rechten Seite (vom Eingang aus gesehen) befinden. Aus diesen Gründen werden einzelne Tischdecken immer mit dem Eingang im Rücken fachgerecht

aufgelegt. Die Oberbrüche sind dann automatisch auf der richtigen Seite, nämlich dem Eingang gegenüber. Außerdem werden sie so aufgelegt, dass sich an allen Seiten des Tischs bzw. der Tafel ein gleichmäßig korrekter Überhang ergibt. Um eine gerade Linie beim Abschluss des Überhangs zu erzielen, kann man die eventuell überstehenden Ecken nach hinten umschlagen und mit einem kleinen Klebestreifen – auf keinen Fall dürfen Nadeln verwendet werden! – befestigen.

Es muss hier sicher nicht besonders betont werden, dass die Tischdecken in einem einwandfreien Zustand sein sollten und keine Flecken oder Löcher aufweisen dürfen. Auch das zusätzliche Auflegen von Deckservietten ist wegen der vielen weiteren Kanten und Brüche auf der Tischoberfläche nicht zu empfehlen.

Gedeckmitte

Nun kann die Gedeckmitte festgelegt werden. Dies geschieht entweder durch Einsetzen von Platztellern oder durch das Auflegen von Mundservietten. Das Innenmaß des Gedecks sollte 28 bis 30 cm betragen. Es entspricht dann in etwa dem Durchmesser des größten Tellers, der im Verlauf des Menüs dem Gast eingesetzt wird. In den meisten Fällen ist das der Teller für den Hauptgang.

Für den Fall der Verwendung von Platztellern, werden diese an der so genannten Grundlinie (= eine Fingerbreite Abstand zur Tischkante) genau gegenüber dem Stuhl auf der Tafel platziert. Im anderen Fall, d. h. bei der Verwendung von Mundservietten der Größe 40 x 40 cm, ergibt sich durch einen einfachen Kniff die optimale Festlegung der inneren Gedeckbreite, die sonst allein durch Augenmaß bestimmt werden muss. Der Kniff besteht nun darin, die zu einem Quadrat gefaltete oben erwähnte Mundserviette diagonal genau gegenüber dem Stuhl auf der Tafel aufzulegen.

Nachdem die Mitte des Gedecks so fixiert wurde, können – zum bequemeren Eindecken der weiteren Gegenstände wie Bestecke, kleine Teller für Brot und Butter und Gläser – die Stühle ausgedreht werden. Dazu kippt man den Stuhl ein wenig auf das linke hintere Bein und dreht ihn im 90°-Winkel nach rechts aus. Es entsteht damit eine Lauffläche zum Eindecken direkt an der Tafel. Dieses Ausdrehen ist besonders bei Stühlen mit Armlehnen oder Sesseln zu empfehlen.

Bestecke

Als Nächstes wird das Besteck aufgelegt. Beim Eindecken transportiert man es in einer Handserviette und kontrolliert vor dem Platzieren auf dem Tisch alles nochmals auf Sauberkeit. Das Eindecken geschieht im

Uhrzeigersinn. Begonnen wird mit den großen Messern für den Hauptgang. Sie werden auf der rechten Seite neben der rechten Spitze der Serviette bzw. rechts vom Platzteller eingedeckt. Die Zahl der Bestecke auf der rechten Seite ist auf 4 begrenzt. Sie werden alle mit gleichmäßigem Abstand zueinander und zum Platzteller an der Grundlinie platziert. Weitere Bestecke auf der rechten Seite sind je nach Menü Fischmesser, Mittelmesser sowie Löffel für die Suppe.

Anschließend wird auf der linken Seite die große Gabel wieder an der Grundlinie aufgelegt. Liegen sich die Gedecke gegenüber, so ist gleich beim Eindecken der großen Gabeln darauf zu achten, dass diese und die gegenüberliegenden Messer jeweils eine Linie bilden. Die Zahl der Bestecke auf der linken Seite ist auf 3 begrenzt.

Die 2. Gabel wird deutlich so weit nach oben verschoben, dass die Einbuchtungen der Zinken dieser Gabel mit den Zinkenspitzen der Gabel für den Hauptgang eine Linie bilden.

Grundsätzlich sollen die Besteckteile links und rechts des Platztellers genau in der Reihenfolge des Menüs von innen nach außen aufgelegt werden. Seitlich von der Serviette bzw. dem Platzteller liegen immer die Besteckteile für den Hauptgang des Menüs. Neben den Bestecken für den Hauptgang werden dann diejenigen platziert, welche für den Menügang erforderlich sind, der dem Hauptgang vorausgeht usw. Die Gäste benutzen während des Essens allerdings die Bestecke nacheinander von außen nach innen.

Oberhalb der Gedeckmitte wird das Besteck für die Gänge eingedeckt, die dem Hauptgang folgen. Meistens sind dies die Bestecke für das Des-

sert oder den Käsegang. Da häufig Unsicherheit darüber besteht, wie die Bestecke oben eingedeckt werden, hier nun 2 Regeln, die man sich leicht merken kann:
1. Das gefährlichere Besteckteil, also die Gabel oder das Messer, liegt immer unten.
2. Die Bestecke werden mit den Griffen in die Richtung platziert, in die sie vor dem Servieren des Menügangs heruntergezogen werden.

Das Besteck für die Süßspeise, bestehend aus Mittellöffel und Mittelgabel (wird fachlich als Entremets-Besteck bezeichnet) oder kleinem Löffel und kleiner Gabel, kann genau übereinander oder auseinander gezogen eingedeckt werden.

Teller für Brot und Butter

Sind links, rechts und oberhalb der Serviette bzw. des Platztellers alle Bestecke für die vorgesehenen Menügänge eingedeckt, wird auf der linken Seite der kleine Teller oder Mittelteller für Brot oder Toast und Butter platziert. Er sollte nicht an der Grundlinie aufgestellt werden, da er sonst später den Handgelenken der an der Tafel sitzenden Gäste im Weg sein könnte. Der Toastteller wird vielmehr so weit nach oben verschoben, dass er entweder an der linken Einbuchtung der Gabel steht oder sein Oberrand mit den Zinkenspitzen der Gabel eine Linie bildet.

Anschließend wird je nach Größe des Tellers das kleine Messer oder das Mittelmesser auf dem rechten Rand des Tellers mit der Schneide nach links aufgelegt. Es sollte so auf dem Teller platziert werden, dass es ihn oben und unten gleichmäßig überragt und die Innenfläche des Tellers zum späteren reibungslosen Vorlegen einer Scheibe Toast freilässt.

Gläser

Jetzt können die Gläser aufgestellt werden. Beim Eindecken der Gläser sollten diese in einwandfrei poliertem Zustand möglichst auf einem Tablett transportiert werden und zum Einsetzen so wenig wie möglich, d. h. am Stiel, angefasst werden. Die Reihenfolge ist nicht beliebig. Begonnen

wird immer mit dem so genannten Richtglas. Dieses ist das Glas für das Getränk zum Hauptgang – in den meisten Fällen ein Rotweinglas – und wird dementsprechend über das große Messer oder Fischmesser für den Hauptgang eingesetzt. Der Mindestabstand des Glases zu diesem Messer sollte 1 cm betragen. Der Idealpunkt der Platzierung liegt genau im rechten Winkel von Hauptgangmesser und Dessertbesteck. Alle weiteren Gläser werden nach diesem Glas ausgerichtet.

Die Anordnung der Gläsergruppe auf der rechten Seite des Gedecks richtet sich zunächst auch nach der Art, Menge und Reihenfolge der während des Menüs servierten korrespondierenden Getränke, außerdem aber auch nach dem verfügbaren Platz auf der Tafel. Gebräuchliche Bezeichnungen für Gläsergruppen sind Dreieck, Linie, L-Form oder Raute.

Die Anzahl der Gläser ist auf 4 beschränkt. Bei der Verwendung von Gläsern im Menügedeck ist weiterhin zu beachten, dass Becher und Stielgläser in einer Gläsergruppe nicht gemischt angeordnet werden. Außerdem müssen – aus Sicht der Gäste – kleine Gläser nach vorne und große Gläser dahinter gestellt werden. Das bedeutet, dass Wassergläser, die vermutlich die niedrigsten Trinkgefäße in der Gruppe sein werden, vorne und Schaumweingläser hinten platziert werden.

Dekoration

Nachdem das Gedeck vervollständigt ist, kann die vorgesehene Tischdekoration aufgestellt werden. Eine Ausnahme vom Zeitpunkt her gesehen bildet hierbei die Verwendung von Tischbändern auf Festtafeln. Diese werden als Erstes, d. h. vor dem Auflegen der Gedecke, auf der Tafel ausgelegt. Die Dekoration, wie Blumengestecke und Kerzenleuchter, ist in der Mitte der Tafel gleichmäßig zu verteilen.

Menagen

Um der Angewohnheit vieler Gäste, grundsätzlich die Speisen nachzuwürzen, zu entsprechen, können noch Salzmenagen als Streuer oder Mühlen verteilt werden. Sie werden in ausreichender Menge und solchem Abstand auf der Tafel verteilt, dass sie später für die Gäste am Tisch bequem erreichbar sind. Hierbei rechnet man eine Menage für 4 Gäste, die sich gegenübersitzen. Weitere Würzmittel werden immer auf einem separaten Servicetisch bereitgehalten und nicht auf der Tafel eingesetzt.

Abschlussarbeiten

Sind die Eindeckarbeiten an der Tafel somit abgeschlossen, können die Stühle wieder korrekt an die Tafel zurückgestellt werden. Eine Regel besagt, dass die herunterhängende Tischdecke mit der Vorderkante der Sitzfläche des Stuhls eine Linie bilden sollte.

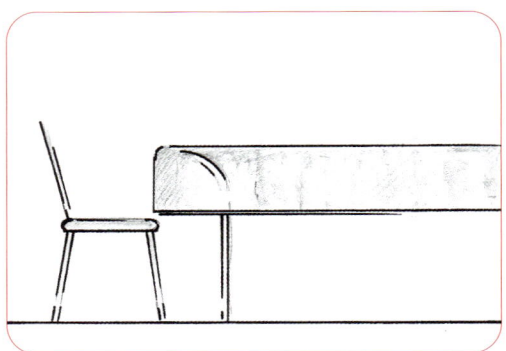

Nach dem Anstellen der Stühle wird nun der Tisch nochmals auf Vollständigkeit kontrolliert, und die Stühle sowie die Gedeckteile, wie z. B. die Servietten, das Dessertbesteck und die Gläser, werden ausgerichtet, so dass sie eine gerade Linie bilden.

Servicetisch

Als Letztes wird ein separater Servicetisch hergerichtet. Auf diesem werden Reservematerialien, Aschenbecher, Handservietten, Serviertabletts und Ähnliches bereitgestellt.

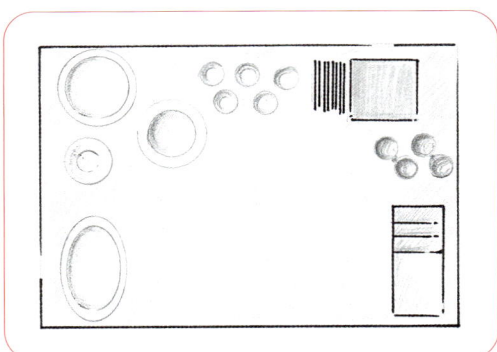

Blumendekorationen

Da bei vielen Prüfungen von Hotelfachleuten verlangt wird, die eingedeckten Tische auch mit Blumen zu dekorieren, werden nachfolgend die wichtigsten Regeln beschrieben.

- Man sollte grundsätzlich nur Schnittblumen und frisches Grün in wasserdichten Gefäßen verwenden; Kunstblumen und Pflanzen in Töpfen sind, da sie längere Zeit verwendet werden, Staub- und Bakterienträger und damit für die Tischdekoration eher ungeeignet.
- Die Blumenarrangements sind in Farbe, Form und Größe aufeinander bzw. auf die Festtafel abzustimmen.
- Blumengestecke sollten dem Anlass und der Jahreszeit entsprechen, technisch gut gearbeitet und standsicher sein.
- Die Größe der Blumengestecke darf auf der Tafel die Sicht zum gegenübersitzenden Gast nicht beeinträchtigen.
- Blumen- und Pflanzenranken sollten nicht mit den Gedeckteilen, wie z. B. mit Tellern oder Gläsern, in Berührung kommen und so gesteckt sein, dass nichts Färbendes auf die Tischdecke kommen kann.
- Blumen, die stark duften und übermäßig Blütenstaub abgeben, sind nicht geeignet.
- Die Gestecke sollten zur Erhaltung der Frische nachts in einem kühlen Raum aufbewahrt und täglich mit frischem Wasser versorgt werden.
- Das Anschneiden von Blumen hat grundsätzlich mit einem scharfen Messer zu erfolgen. Die Verwendung einer Schere für diese Arbeit führt zum Quetschen der Leitgefäße der Blumen, die dadurch kein Wasser mehr aufnehmen können.
- Werden Blumen ohne die Verwendung von Vasen oder Steckschalen beispielsweise in Tischkränzen eingearbeitet, müssen zur Erhaltung der Frische der Blumen kleine Kunststoffhülsen, die mit Wasser gefüllt und mit einem Gummideckel verschlossen sind, benutzt werden. In den Deckel der Hülse wird ein Schnitt gemacht und der Blütenstängel hineingesteckt. Damit der Behälter mit dem Wasser im Kranz nicht zu sehen ist, kann man ihn mit Blättern umwickeln und diese mit dünnem Draht umwickeln.

Blumen in Gestecken

Auch für diese festlichste Prägung der Blumendekoration sind geeignete Schalen, meist aus Glas, in einer Form zu wählen, die der Tafelform angepasst ist. Für runde Tische oder quadratische Doppelblocktische sind entsprechende Schalen erforderlich. Zum Dekorieren der meisten anderen Tischformen, wie z. B. Einzeltische, Lang-, U- und E-Tafeln, eignen sich hauptsächlich rechteckige Schalen. Außerdem werden hinsichtlich der Gestaltung von Blumengestecken symmetrische und asymmetrische Gestecke unterschieden. Bei den symmetrischen Gestecken werden die Elemente seitengleich angeordnet, und sie können dadurch von allen Seiten gleich betrachtet werden. Sie wirken auf den Betrachter ruhig und klar.

Aufbau eines symmetrischen Gestecks

Als Erstes werden die folgenden Gegenstände und Werkzeuge vorbereitet: die vorgesehene Schale, gut gewässerte Steckmasse (das Steckmoos wird in kaltes Wasser gelegt, bis es von alleine sinkt und muss sich ganz mit Wasser voll saugen, bis keine Luftbläschen mehr aufsteigen), ein Blumenmesser sowie eventuell Blumendraht, Bast, Bänder und weitere gewünschte Dekorationsmaterialien.

Zunächst wird die Steckmasse der Schalenform gemäß zugeschnitten. Da die Steckmasse sehr weich ist, kann man auch die Schale in die Masse hineindrücken und auf diese Weise fixieren. Damit die Zweige und Blumen seitlich auch waagerecht angeordnet werden können, sollte die Masse 1 bis 2 cm höher als der Rand der Steckschale sein. Die Kanten werden schräg zugeschnitten, damit nichts übersteht.

Mit den ersten Blättern und Zweigen wird die gewünschte Form des Gestecks, also die Höhe, Länge und Breite, festgelegt. Die Steckmasse wird dann fächerförmig und locker (es muss Platz für Blütenstiele gelassen werden) mit fülligem Grün abgedeckt. Dabei sollte eine Höhe von etwa 25 cm nicht überschritten werden.

Die großen Blüten werden entsprechend der Fächerform des Grüns dazugesteckt und können verschiedene Längen aufweisen, um damit eine gestaffelte Anordnung und leichte Gruppierung der Blüten zu erreichen.

Die filigranen Blüten werden locker dazwischen gesteckt. Weiche Stiele dürfen nicht zusammengedrückt werden, weil die Blume dann kein Wasser mehr aufnehmen kann. Um dies zu verhindern, bohrt man mit einem Holzstäbchen ein Loch vor, bevor der Stängel hineingesteckt wird. Das Steckmoos sollte zum Schluss nicht mehr sichtbar sein. Entweder versteckt man es unter den Pflanzen oder man bedeckt es mit einer dünnen Schicht echtem Moos.

Die so fertig gestellten Gestecke können zur besseren Haltbarkeit anschließend mit Wasser aufgefüllt und besprüht an einem kühlen Ort aufbewahrt werden.

Aufbau eines asymmetrischen Gestecks

Die asymmetrischen Gestecke, die hauptsächlich als Raumdekorationen verwendet werden, unterscheiden sich vor allem im Aufbau und in der Form von den symmetrischen. Ein solches Gesteck gliedert sich in die 3 Formelemente Hauptgruppe (z. B. ein hohes Blütenelement), Gegengruppe (ein flaches und ausladendes Blütenelement) und die Nebengruppe (ein kleineres Element aus Blüten, Zweigen und Blättern). Diese Gestecke wirken durch den unregelmäßigen Aufbau lebendig und abwechslungsreich und haben wesentlich mehr Bewegung im Umriss. Sie finden bei der Büfett- oder als Raumdekoration ihre Verwendung.

Blumen in Vasen

Die Vasen sollten vom Material her, beispielsweise aus Glas, Porzellan oder Keramik, zur übrigen Tischausstattung passen. Nach dem Anschneiden der Blumen werden die Blätter so weit von den Stielen entfernt, dass sie mit dem Blumenwasser nicht in Berührung kommen, da sie sonst faulen würden. Sowohl die Blumen wie auch Gräser, Rispen und Zweige werden verschieden lang abgeschnitten und von der Höhe her gestuft in der Vase angeordnet. Das Größenverhältnis zwischen Vase und herausragenden Blumen sollte etwa 1 zu 1 bis höchstens 1 zu 2 sein. Die niedrigsten Zweige und Blätter sollten eine Verbindung zum Vasenrand herstellen.

Die Grundservierregeln

- Alle Menügänge werden von rechts den Gästen eingesetzt und die benutzten Teller auch von rechts wieder ausgehoben.
- Alle Getränke werden von der rechten Seite des Gastes eingeschenkt bzw. eingesetzt und ausgehoben.
- Lediglich die Gedeckteile und Speisen, die üblicherweise ihren Platz auf der linken Seite des Gedecks haben, werden demzufolge auch von der linken Seite des Gastes eingesetzt und abgeräumt.
- Beim Einsetzen, Einschenken und Ausheben bewegen sich die Servicekräfte grundsätzlich im Uhrzeigersinn um frei stehende Tische.
- Alle Speisen, die auf Platten angerichtet sind, werden von links den Gästen vorgelegt oder zur Selbstbedienung angeboten bzw. dargereicht.
- Bei der Durchführung dieser Serviervorgänge ist die Laufrichtung gegen den Uhrzeigersinn.
- Beim Menüservice werden höchstens 3 Teller auf einmal von der Servicekraft getragen, bei Tellerservice mit Cloches nicht mehr als 2 Teller.
- Es werden höchstens 6 Teller auf einmal abgeräumt.
- Bei kurzer Abwesenheit eines Gastes am Tisch darf an diesem Platz erst dann wieder serviert werden, wenn der Gast zurückgekehrt ist.

Der Getränkeservice

Alle Getränke in Gläsern und in Portionsflaschen werden grundsätzlich auf einem Tablett zum Gästetisch getragen. Sie sollten die erforderliche Serviertemperatur aufweisen.

Wein- oder Schaumweinflaschen sowie Mineralwasser in großen Flaschen werden wegen der Bruchgefahr grundsätzlich nicht auf einem Tablett, sondern in der Hand getragen. Alle Getränke werden den Gästen von rechts eingeschenkt, und nur bei leeren Gläsern wird unaufgefordert nachgeschenkt. Befindet sich beim Nachservieren beispielsweise noch Wein im Glas, so ist der Gast vorher zu fragen, ob nachgeschenkt werden darf.

Obwohl das Servieren der Menüfolge einschließlich korrespondierender Getränke in der Abschlussprüfung formal den Charakter einer Bankettveranstaltung hat, wird von den Prüflingen verlangt, die vorgesehenen Weine wie im À-la-carte-Service im Restaurant den Gästen am Tisch ungeöffnet zu präsentieren und fachgerecht zu servieren.

Öffnen von Weinflaschen beim Tisch des Gastes

Voraussetzung für einen fachlich korrekten Service von Flaschenweinen ist die Mise en place auf dem Guéridon, der jedem Prüfling zur Durchführung der Prüfungsaufgabe zur Verfügung steht und von ihm entsprechend den Anforderungen vorbereitet werden muss.

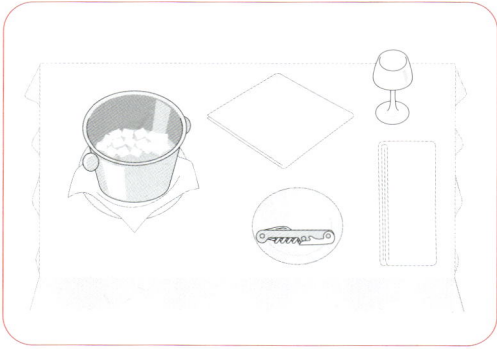

Der vorgesehene Wein wird, nachdem der Servicetisch vorbereitet ist, in der gefalteten Serviette einem Gast am Tisch präsentiert.

Nach der Zusage des Gastes wird die Flasche auf dem Servicetisch abgesetzt und die Flaschenkapsel entfernt.

Kapseln aus Stanniol oder Kunststoff werden mit dem scharfen Messer des Hebelkorkenziehers am unteren Wulstrand der Flasche glatt abgeschnitten und abgehoben.

Meist wird als Regel gelehrt, dass bei Weißweinflaschen der obere, bei Rotweinflaschen der untere Wulstrand als Schnittführung dient. Diese Regel war bedingt durch die früher übliche Verwendung von Zinnfolie als Kapsel. Da der obere Wulstrand bei Rotweinflaschen aus konstruktionstechnischen Gründen näher am Flaschenmund liegt als bei Weißweinflaschen, konnte beim Ausschenken eine Geschmacksbeeinträchtigung entstehen, wenn der Wein mit der Zinnfolie in Berührung kam. Zinnfolie wird heute kaum noch verwendet. Andererseits kann die Freilegung des gesamten Wulstrands auch bei hochwertigen Weißweinen, besonders bei älteren Jahrgängen, das Reinigen des Flaschenmunds vor dem Entkorken erheblich erleichtern. Deshalb ist der untere Wulstrand als Schnittführung für alle Weinarten zu empfehlen.

Kapseln mit Reißfäden können auch mit diesen geöffnet werden. Im Service ist jedoch darauf zu achten, dass glatte Trennkanten erreicht werden. Nach dem Entfernen des Kapseloberteils werden der Flaschenmund und die Oberseite mit einer Papierserviette sorgfältig gereinigt.

Beim Entkorken bleibt die Flasche ruhig auf dem Beistelltisch stehen. Das Ein- und Herausdrehen des Korkenziehers muss gleichmäßig und ruhig erfolgen, ohne dass dabei die Flasche bewegt wird.

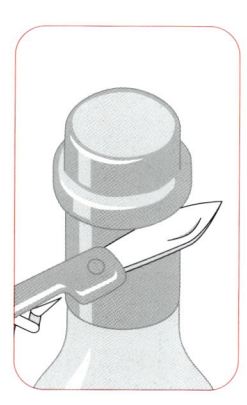

Wichtig ist, dass der Korkenzieher in der Korkenmitte eingedreht wird. Bei Arbeitsgeräten mit Seelenachse – eine gedachte Linie der Länge nach durch die Mitte der Spirale – bedeutet das, dass die Spitze der Spirale etwas außerhalb des Korkenmittelpunkts anzusetzen ist. Ein Durchstoßen des Korkens mit dem Korkenzieher ist zu vermeiden.

Bei besonders langen Korken, z. B. bei Bordeauxweinen, kann der Zapfen mit der Hand entfernt werden, wenn der Korkenzieherhebel nicht mehr angesetzt werden kann.

Die Korkenkontrolle durch Augenschein und Riechen kann, ebenso wie der Probeschluck, vom Gast oder vom Prüfling vorgenommen werden. In beiden Fällen wird der Korken auf einem Teller abgelegt. Übernimmt die Servicefachkraft die Verkostung des Weins, wird dafür ein spezielles Glas auf dem Servicetisch bereitgehalten. Nach dem Probeschluck des Bestellers bzw. Gastgebers werden die Gläser aller anderen Gäste am Tisch gefüllt.

Die Füllmenge richtet sich dabei nach der Weinart und der Kelchgröße des jeweiligen Glases. Sie werden

bei Weiß- und Roséweinen $1/2$ bis $2/3$,
bei Rotweinen zu $1/4$ bis $1/3$ und
bei Schaumweinen zu $2/3$ gefüllt.

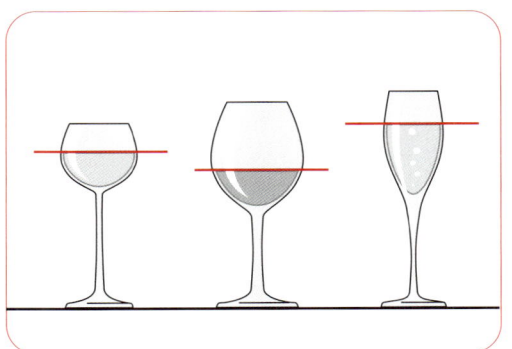

Grundsätzlich wird von der rechten Seite des Gastes eingeschenkt. Die Servicekraft umschließt mit sicherem Griff die Flasche in der rechten Hand und führt diese etwas über den Rand des Glases hinweg. Die Flasche wird völlig frei gehalten und darf niemals auf den Glasrand aufgelegt werden. Beim Einschenken muss das Etikett für den Gast sichtbar bleiben. Der Wein oder das Getränk muss fließend und ohne Bildung von Luftblasen eingeschenkt werden.

Bei den meisten Prüfungsveranstaltungen mit Menüservice sind zwei verschiedene Weine korrespondierend zu den einzelnen Gängen nacheinander zu servieren. Es ist beim Weinwechsel darauf zu achten, dass erst der nächste Wein den Gästen eingeschenkt wird und dann die leeren und benutzten Gläser des vorigen Weins ausgehoben werden. Befindet sich noch ein Weinrest im ersten Glas, fragt man den Gast, ob das Glas mitgenommen werden darf. Das Abräumen der Gläser hat grundsätzlich mit einem Tablett zu erfolgen.

Dekantieren von Weinen beim Tisch des Gastes

Als Dekantieren bezeichnet man das Umfüllen von Rotweinen aus der Flasche in eine Karaffe, die auch kurz Dekanter genannt wird. Der Sinn des Dekantierens besteht hauptsächlich darin, das Depot älterer (ab 4 bis 6 Jahre) Rotweine vom klaren Wein zu trennen. Unter Depot versteht man dabei Ablagerungen von Gerbstoffen, die sich im Rotwein nach der

Holzfasslagerung, z. B. im Barriquefass, bilden und sich im Verlaufe der Flaschenlagerung am Boden der Flasche niederschlagen. Außerdem kann man Weine, die sehr gerbstoffbetont sind, durch das Dekantieren mit Sauerstoff anreichern und damit die mitunter harte Gerbstoffnote im Aromabild mildern.

Alte Rotweine mit Depot, die beim Tisch dekantiert werden sollen, werden mit dem Etikett nach oben im Dekantierkorb an den Tisch gebracht. Das Einbetten der Flasche in den Korb muss sorgfältig und ohne Erschütterung unter Beibehaltung der Lagerungslage der Flasche geschehen, damit das Depot nicht bewegt wird.

Der Wein im Korb wird mit der Dekantierkaraffe auf dem Servicetisch abgestellt.

Die dort aufgestellte Kerze wird angezündet.

Die Flaschenkapsel wird, ohne die Flasche zu bewegen, abgelöst und der äußere Flaschenmund vor dem Entkorken mit einer Papierserviette gereinigt.

Der Korken wird vorsichtig, ohne die Flasche zu bewegen, mit dem Hebelkorkenzieher herausgezogen. Dabei ist zu beachten, dass die Korken von Bordeauxweinen durch ihre besondere Länge mehr Hebelkraft erfordern. Der Korken wird zuletzt vorsichtig mit drehender Bewegung herausgezogen.

Mit dem unteren Ende des Korkens kann der innere Flaschenmund von Schmutzpartikeln gereinigt werden.

Der Korken wird dem Gastgeber bzw. Besteller auf einem kleinen Teller präsentiert.

Nachdem das Glas für den Probierschluck am Dekantierkorb platziert wurde, schenkt man dem Gast aus dem Korb einen Probeschluck ein und dekantiert nach dessen Zustimmung den Wein.

Dazu wird der Weinkorb in der rechten Hand direkt über der Flasche gehalten; die Dekantierkaraffe wird in die linke Hand genommen. Das Umfüllen erfolgt so, dass das Kerzenlicht den Weinfluss aus der Flasche in die Karaffe durchleuchtet. Der Umfüllvorgang sollte langsam und geräuschlos ablaufen und wird dann abgebrochen, wenn im Weinfluss die ersten Depotrückstände auftreten.

Die Gläser werden mit der linken Hand ausgehoben und der dekantierte Wein aus der Karaffe in das schräg zu haltende Glas eingeschenkt.

Service von Schaumweinen

Man präsentiert die gekühlte Flasche dem Gast. Wird sie im Kübel bereitgestellt, trocknet man sie vorher mit einer Serviette ab.

Mit der durch die Serviette geschützten linken Hand hält man die aufgesetzte Flasche leicht schräg.

Der Drahtkorb, den man auch mit dem Fachbegriff Agraffe bezeichnet, wird durch Abdrehen der Schlinge geöffnet, wobei der Daumen der linken Hand zur Sicherung des Korkens aufgelegt ist. Ist der Drahtkorb offen, wird dieser mit der Kapsel entfernt.

Man fasst mit der einen Hand den Korken und dreht mit der von der Serviette geschützten anderen Hand die Flasche. Den durch Innendruck sich lösenden Korken nimmt man durch leichten Gegendruck der Hand ohne Geräusche ab. Wenn nötig, säubert man mit der Serviette oder der Unterseite des Naturkorkens den Flaschenmund. Beim Einschenken von Schaumweinen ist es der Servicekraft gestattet, die Gläser vom Tisch auszuheben. Nur dann ist es möglich, das Glas, das dabei schräg zu halten ist, in einem Zug zu füllen. Lediglich hohe Gläser sind für den Service von Schaumweinen geeignet, da sie Temperatur, Bukett und Mousseux am besten erhalten.

Der Speisenservice

Tellerservice

Der Service des – meist 3-gängigen – Menüs in der Prüfung ist immer von der Art und der Anrichteweise der Gänge beeinflusst. Da die Kochauszubildenden in der Abschlussprüfung ihr Menü aus einem vorgegebenen Warenkorb zusammenstellen können, fallen die von den Hotelfachleuten zu servierenden Menüs auch im Hinblick auf die Anrichteweise entsprechend unterschiedlich aus. Erfahrungsgemäß werden jedoch die Menügänge meistens auf Tellern angerichtet, womit in erster Linie der Tellerservice in dieser Prüfungsaufgabe anzuwenden ist. Da eine fachliche Regel einerseits vorschreibt, dass von der einzelnen Servicekraft höchstens 3 Teller auf einmal getragen werden, andererseits aber 4 Gäste am Tisch auf einmal zu bedienen sind, lässt man 2 Prüflinge beim Einsetzen der Menügänge zusammenarbeiten. Dabei wird vom Prüfungsausschuss auch die Teamfähigkeit der Prüflinge begutachtet und bewertet.

Beim Transport der Menügänge zum Tisch der Gäste ist von den 2 Prüflingen eine sinnvolle Reihenfolge einzuhalten. Dies bedeutet, dass der Hotelfachmann, der den längsten Weg zum Tisch hat, auch als Erster vorangeht. Sind beide am Tisch angekommen, bleiben sie kurz hinter den Gästen stehen, die sie jeweils als Erste bedienen werden. Das Team hält nun Blickkontakt miteinander, setzt auf ein optisches, nicht mündliches Zeichen des am Tisch verantwortlichen Prüflings den Menügang beim ersten Gast ein und bedient anschließend zügig den anderen. Die Laufrichtung ist in diesem Fall im Uhrzeigersinn.

Sind im Rahmen des Menüservice einzelne Gänge unter Einsatz von Cloches zu servieren, so ist darauf zu achten, dass nach dem Einsetzen aller Teller am Tisch die Cloches von den beiden Prüflingen gleichzeitig bei allen Gästen abgehoben und dabei gleich mit der Öffnung nach oben gedreht werden. Diese Vorgehensweise verhindert, dass Kondenswassertropfen aus den Tellerhauben die Kleidung der Gäste möglicherweise verschmutzen.

Wird zum Hauptgang ein Salat als Beilage serviert, wird dieser mit einer angelegten Mittelgabel links vom Gast eingesetzt. Bleibt der Brotteller, wie es fachlich richtig ist, bis zum letzten Hauptgang auf dem Tisch stehen, dann wird er nach oben geschoben und der Salatteller darunter eingesetzt. Nach Möglichkeit sollte der Salat nach dem Einsetzen des heißen Tellers mit dem Hauptgang serviert werden. Geschieht dies vorher, wird der Salatteller oft von den Gästen in der Gedeckmitte platziert. Das erhebt die Beilage zum Zwischengericht und stört den Serviceablauf.

Plattenservice

Selbst wenn alle Gänge des Prüfungsmenüs auf Tellern angerichtet sind, wird in aller Regel von den zu prüfenden Hotelfachleuten verlangt werden, das Beherrschen des Plattenservice zu zeigen. So kann beispielsweise vorgegeben werden, dass Brot und Butter und auch der Nachservice beim Hauptgang direkt beim Gast von der Platte vorgelegt werden müssen.

Als Mise en place für die Durchführung dieser Serviermethode müssen mindestens Vorlegebestecke und Rechauds auf dem Servicetisch bereitgehalten werden.

Bei diesem Vorlegeservice werden die Speisen grundsätzlich von der linken Seite des Gastes vorgelegt. Die Platte wird dazu auf der flachen linken Hand getragen und kann auf dem Tisch abgestützt stabilisiert werden. Der Plattenrand wird dabei über den Tellerrand gehalten, um jedes

Abtropfen von Sauce auf das Tischtuch zu vermeiden. Die Servicekraft benutzt den Vorlegegriff: großer Löffel und große Gabel liegen ineinander. Beim Anrichten und Vorlegen werden die Speisen nach der klassischen Regel wie folgt aufgelegt:
der Hauptbestandteil des Gangs auf die vordere Tellerhälfte,
rechts oben das Gemüse,
links daneben die Sättigungsbeilage.
Die restlichen auf der Platte verbleibenden Speisen können gegebenenfalls auf den vorher bereitgestellten Rechauds heiß gehalten werden. Wird das Servieren vom Beistelltisch vom Prüfling verlangt, so werden die Speisen von der Platte auf dem Servicetisch auf den Tellern angerichtet, wobei die Regeln des Vorlegeservice entsprechend gelten. Die Servicekraft arbeitet beim Anrichten grundsätzlich mit beiden Händen – Löffel rechts, Gabel links – und setzt die angerichteten Teller dann den Gästen von rechts ein.

Grundregeln zum Abräumen im Speisenservice

Am Tisch werden zuerst die Teller mit den abgelegten Bestecken und eventuell verbliebenen Speiseresten von Gast zu Gast stets vorwärts gehend ausgehoben, dann erst die auf dem Tisch verbliebenen Schüsseln und Saucieren. Teller, Bestecke, Beilagenschüsseln und Saucieren sowie alles übrige Tafelzubehör werden mit der rechten Hand unter Anwendung unterschiedlicher Tragetechniken ausgehoben.
Nach dem letzten Fleischgang werden auch das Salz und sonstige Würzmittel abgeräumt; es sei denn, ein Käsegang folgt. Das Gleiche gilt für den Brotteller. Der Platzteller wird üblicherweise nach dem Dessert abgeräumt. Wird das Dessert allerdings auf einem sehr großen Teller angerichtet, kann der Platzteller bereits nach dem Hauptgang ausgehoben werden.
Die Teller werden am Abstellplatz in der Spülküche oder im Office ordentlich gestapelt und die Bestecke in den dafür bereitgestellten Behältern abgelegt.
Unterschiedliches Geschirr und auf den Tellern liegende Speisereste erfordern eine schnelle Wahl einer der folgenden und passenden Tragetechniken.

Zweiersystem mit Obergriff

- Der ausgehobene Teller wird in die linke Hand genommen, wobei der Daumen entlang des Tellerrands zu liegen kommt und mit dem Zeigefinger und Mittelfinger stabilisiert wird.
- Der 2. Teller wird auf den Handballen und den Unterarm gesetzt; abgestützt wird vom Ringfinger und kleinen Finger.
- Auf dem Trageteller wird die 1. Gabel mit dem Daumen festgehalten und das Messer unter deren Rücken geschoben.
- Die weiteren Gabeln werden in gleicher Weise abgelegt und die Messer untergeschoben, so dass alle abgelegten Bestecke wie ein Kreuz auf dem Teller liegen. So kann das Besteck geordnet und gegen Herunterfallen gesichert werden.
- Alle weiteren Teller werden auf dem Handballen gestapelt und das Besteck wie beschrieben abgelegt. Kleine Speisereste werden neben das Besteck geschoben.
- Bei Suppentellern und großen Suppenlöffeln wird in gleicher Weise verfahren.
- Die Servicekraft räumt bis zu 6 Teller insgesamt ab.

Dreiersystem mit Untergriff

- Diese Tragetechnik wird vor allem dann praktiziert, wenn beim Abräumen größere Speisereste auf den Tellern liegen, wie zum Beispiel bei Geflügel oder Fisch.
- Der 1. Teller wird, wie beim Zweiersystem beschrieben, in die linke Hand genommen und stabilisiert.
- Der 2. Teller wird rechts davon untergeschoben und mit dem Ringfinger und kleinen Finger abgestützt.
- Der 3. Teller wird auf den Handballen und Unterarm gesetzt und mit dem untergeschobenen Teller gestützt.
- Auf dem 1. Teller werden die Bestecke wieder wie ein Kreuz abgelegt, der untere Teller nimmt die Speisereste auf.
- Auf dem Handballen und Unterarm werden bis zu 4 Teller gestapelt.

Alle erwähnten Servierregeln können nur bei optimalen Rahmenbedingungen angewandt und durchgeführt werden. Ist zu befürchten, dass der Gast durch Einhaltung der Regeln gestört würde, ist auf deren Anwendung zu verzichten.

Überblick Serviceablauf beim Menüservice

- Gäste begrüßen
- Beim Ablegen der Garderobe behilflich sein
- Aperitif anbieten
- Gegebenenfalls Kerzen auf den Tischen anzünden
- Gästen beim Platznehmen behilflich sein
- Mineralwasser und Weißwein servieren
- Brot und Butter servieren
- Leere Aperitifgläser abräumen
- Vorspeise bzw. Suppe servieren
- Brot und Butter nachservieren
- Wein und Wasser nachschenken
- Vorspeisenteller bzw. Suppengeschirr abräumen
- Gegebenenfalls bei Rauchern Aschenbecher einsetzen und nach Gebrauch wechseln
- Rotwein einschenken
- Leere Weißweingläser abräumen
- Hauptgang servieren
- Rotwein und Wasser nachschenken
- Nachservice an Speisen anbieten
- Speiseteller vom Hauptgang und Brotteller ausheben
- Menagen abräumen
- Tische reinigen
- Dessertbesteck herunterziehen
- Dessert servieren
- Getränke nachschenken
- Dessertteller und gegebenenfalls Platzteller ausheben
- Zucker, Sahne und Gebäck zum Kaffee einsetzen
- Mokka, Kaffeespezialitäten oder Tee servieren
- Nicht mehr benötigtes Kaffeegeschirr abräumen
- Mundservietten entfernen
- Bis zum Ende der Veranstaltung, Getränke nachschenken, Aschenbecher wechseln und Gäste individuell betreuen
- Gäste verabschieden und beim Anlegen der Garderobe behilflich sein

11 Die Bewertung von Prüfungsleistungen

Bewertung mit Punkten und Noten

Die Bewertung der Prüfungsleistungen obliegt dem Prüfungsausschuss und erfolgt mittels Vergabe von Punkten, die unter Verwendung eines 100-Punkte-Umrechnungsschlüssels in Noten umgerechnet und ausgedrückt werden. Der Punkteschlüssel reicht von 0 bis 100 Punkten, was parallel dazu den Schulnoten von 6 („ungenügend") bis 1 („sehr gut") entspricht.

Alle Prüfungsleistungen werden zunächst mit einer entsprechenden Anzahl von Punkten bewertet, die dann gemäß dem folgenden Schema in eine Note umgerechnet werden.

Punkte	Dezimalnote	Notenstufe
92 – 100	1,4 – 1,0	Note 1
Beschreibung der Leistung: sehr gut! Eine den Anforderungen in besonderem Maße entsprechende Leistung.		
81 – 91	2,4 – 1,5	Note 2
Beschreibung der Leistung: gut! Eine den Anforderungen voll entsprechende Leistung.		
67 – 80	3,4 – 2,5	Note 3
Beschreibung der Leistung: befriedigend! Eine den Anforderungen im Allgemeinen entsprechende Leistung.		
50 – 66	4,4 – 3,5	Note 4
Beschreibung der Leistung: ausreichend! Eine Leistung, die zwar Mängel aufweist, aber im Ganzen den Anforderungen noch entspricht.		
30 – 49	5,4 – 4,5	Note 5
Beschreibung der Leistung: mangelhaft! Eine Leistung, die den Anforderungen nicht entspricht, jedoch erkennen lässt, dass die notwendigen Grundkenntnisse vorhanden sind.		
0 – 29	6,0 – 5,5	Note 6
Beschreibung der Leistung: ungenügend! Eine Leistung, die den Anforderungen nicht entspricht und bei der selbst die Grundkenntnisse lückenhaft sind.		

Alle 3 Prüfungsteile der praktischen Prüfung haben die gleiche Gewichtung und werden mit jeweils höchstens 100 Punkten bewertet.

Die Summe der erreichten Punkte aus den 3 Prüfungsaufgaben wird durch 3 geteilt und damit das Ergebnis der praktischen Prüfung errechnet. Die Punktzahl wird nach dem 100-Punkte-Schlüssel (siehe vorne) in eine Note umgerechnet. Um die Prüfung zu bestehen, sind dabei mindestens 50 Punkte (entspricht der Dezimalnote 4,4 = „ausreichende" Leistung) erforderlich.

Aspekte für die Bewertung von Prüfungsleistungen

„In der praktischen Prüfung soll der Prüfling zeigen, dass er Gäste beraten, den Service planen und durchführen, Maschinen und Gebrauchsgüter wirtschaftlich und ökologisch einsetzen und Sicherheit und Gesundheitsschutz sowie Hygiene bei der Arbeit berücksichtigen kann."

Aus diesen Mindestanforderungen der Ausbildungsordnung werden die nachstehenden verschiedenen Aspekte als Grundlage für die Bewertung der Prüfungsleistungen festgelegt.

Bewertungsaspekte	Beispiele
Umgang mit Gästen, Beratung und Verkauf	Persönliches Erscheinungsbild, Verhalten, Auftreten, Gastgeberfunktion, Gesprächsführung, Kommunikationsfähigkeit, Ausdruck, Einfühlungsvermögen
Einsatz von Geräten, Maschinen, Gebrauchsgütern, Arbeitsplanung	Planungsfähigkeit, Systematik, Arbeitsplatzvorbereitung, Wirtschaftlichkeit, Techikeinsatz, umweltfreundliches Verhalten, Energieeinsatz
Hygiene, Umweltschutz	Reinigung, Pflege, Systematik, Sauberkeit
Arbeitstechnik, fachliche Richtigkeit	Arbeitsweise, Produktbehandlung, Sorgfalt, Rezepturen, Regeln, Zeit, Kontrolle, Arbeitsschutz
Verkaufsfähigkeit, Vollständigkeit	Kreativität, Präsentation, Geschmack, Konsistenz, Optik, Anrichteweise, Exaktheit, Endqualität

Diese Gesichtspunkte können allerdings eine unterschiedliche Gewichtung haben. So werden beispielsweise bei der Prüfungsaufgabe „Servieren von Speisen und Getränken" die Aspekte Umgang mit Gästen, Beratung und Verkauf eine größere Bedeutung haben als der Aspekt Umweltschutz.

Bewertung der komplexen Prüfungsaufgabe

Diese Aufgabe besteht aus dem schriftlichen Teil und dem gastorientierten Gespräch. Beide Teile werden gleich gewichtet und mit jeweils maximal 100 Punkten bewertet. Die schriftliche Leistung wird nach dem Inhalt bewertet, wobei erfahrungsgemäß der Ablaufplan einen Anteil von 50 Prozent und die Liste mit Werbemitteln und Werbeträgern sowie die Möglichkeiten der Erfolgskontrolle einen Anteil von jeweils 25 Prozent an der Gesamtleistung haben.

Zur Punktzahl des schriftlichen Ergebnisses addiert man die erreichten Punkte aus dem gastorientierten Gespräch, teilt die Summe durch 2 und errechnet damit die erreichte Punktzahl für die gesamte komplexe Prüfungsaufgabe.

Gesonderte Bewertung des gastorientierten Gesprächs

Die Bewertung des gastorientierten Gesprächs gliedert sich in die Bewertungsteile

A Gastorientierte Gesprächsführung und
B Fachkompetenz (sowohl im aktiven Gesprächsteil des Prüflings wie auch nach Fragen des Prüfers)

Beide Teile sind zu gleichen Teilen gewichtet.

Für die Bewertung der gastorientierten Gesprächsführung kann ein separater Auswertungsbogen mit detaillierten Bewertungsabstufungen und Punktezuordnung herangezogen werden.

Die folgende Übersicht zeigt ein Beispiel für einen solchen Bewertungsbogen.

Beispiel eines Bewertungsbogens für die „Gastorientierte Gesprächsführung"

Prüfling baut angenehme Atmosphäre auf (Phase 1)

76 – 100 Punkte	Begrüßt und behandelt offen und freundlich, hat Blickkontakt
50 – 75 Punkte	Begrüßt und behandelt recht freundlich, hat Blickkontakt
26 – 49 Punkte	Begrüßt und behandelt ohne großes Engagement, kaum Blickkontakt
0 – 25 Punkte	Begrüßt und behandelt lustlos und abweisend, keinen Blickkontakt

Prüfling hört konzentriert zu, stellt situationsgerechte Fragen zu Gästewünschen (Phase 2)

76 – 100 Punkte	Ist dem Gast zugewandt, erfragt und erfasst dessen Wünsche auf angemessene Weise
50 – 75 Punkte	Hört zu, stellt Fragen
26 – 49 Punkte	Stellt kaum Fragen
0 – 25 Punkte	Stellt, wenn überhaupt, unangemessene Fragen

Prüfling geht auf Gästeerwartungen ein, macht Angebote (Phase 3)

76 – 100 Punkte	Macht angemessene Angebote zu den Gästeerwartungen, bietet Alternativen an
50 – 75 Punkte	Macht Angebote mehr oder weniger abgestimmt auf Gästeerwartungen
26 – 49 Punkte	Reagiert kaum auf Gästeerwartungen
0 – 25 Punkte	Reagiert nicht auf Gästeerwartungen

Prüfling fasst Wünsche zusammen (Phase 4)

76 – 100 Punkte	Fasst die geäußerten Gästeerwartungen zusammen
50 – 75 Punkte	Benennt noch einmal Teile der geäußerten Gästeerwartungen
26 – 49 Punkte	Benennt nur einen der geäußerten Gästewünsche
0 – 25 Punkte	Benennt keinen der geäußerten Gästewünsche

Prüfling drückt sich klar und deutlich aus

76 – 100 Punkte	Spricht klar und verständlich, auf den Gast abgestimmt
50 – 75 Punkte	Spricht recht klar, auf den Gast abgestimmt
26 – 49 Punkte	Drückt sich wortkarg oder umständlich aus
0 – 25 Punkte	Spricht lustlos und unhöflich

Prüfling führt ein strukturiertes Gespräch (Begrüßung, Gästeerwartungen, Angebotsunterbreitung, Zusammenfassung und Abschluss)

76 – 100 Punkte	Deckt alle Phasen des Gesprächs ab
50 – 75 Punkte	Deckt möglichst viele der Gesprächsphasen angemessen ab
26 – 49 Punkte	Spricht recht unstrukturiert
0 – 25 Punkte	Spricht ohne Struktur, berücksichtigt keine Gesprächsphasen

Beispiel für eine Bewertungsübersicht für das gastorientierte Gespräch

A Gastorientierte Gesprächsführung

	Anmerkungen	Punkte
Baut angenehme Atmosphäre auf, hat Blickkontakt (Phase 1)		
Hört konzentriert zu, fragt nach Gästewünschen (Phase 2)		
Geht auf Gästeerwartungen ein, macht Angebote, aktiver Verkauf (Phase 3)		
Fasst Wünsche zusammen (Phase 4)		
Drückt sich klar und verständlich aus		
Führt ein strukturiertes Gespräch (Begrüßung, Gästeerwartungen, Angebotsunterbreitung, Zusammenfassung und Abschluss)		
	Summe	
	Erreichte Punkte A (Summe : 6):	

(Bei der Bewertung der oben genannten Kriterien werden gleichzeitig Aspekte wie Körpersprache und Erscheinungsbild berücksichtigt)

B Fachkompetenz

	Anmerkungen	Punkte
Im aktiven Gesprächsteil des Prüflings:		
Nach Fragen des Prüfers:		
	Erreichte Punkte B:	
	Summe A und B:	
	Endergebnis nach Gewichtung Summe A und B : 2:	

Gewichtung: Gesprächsführung : Fachkompetenz 1:1

Beispiel für die Bewertung einer weiteren praktischen Prüfungsaufgabe (Servieren von Speisen und Getränken)

Bewertungsaspekte	Beispiele
Umgang mit Gästen, Beratung und Verkauf, Zusammenarbeit mit anderen Prüflingen	Persönliches Erscheinungsbild, Berufskleidung, Handwerkszeug, Verhalten, Auftreten, Gastgeberfunktion, Freundlichkeit, Höflichkeit, Aufmerksamkeit, Teamfähigkeit
Einsatz von Geräten, Maschinen und Gebrauchsgütern, Arbeitsplanung, Arbeitstechnik, Fachliche Richtigkeit, Verkaufsfähigkeit, Vollständigkeit	Arbeitsplatzvorbereitung (Mise en place und Eindecken), Getränke- und Weinservice, Handhabung Kellnerbesteck, Arbeitsweise, Einhaltung der Servierregeln, Einsetzen, Vorlegen, Abräumen, Laufrichtung und Reihenfolge bei der Bedienung der Gäste
Hygiene, Umweltschutz	Sauberkeit, Systematik

Beispiel einer Bewertungsübersicht für die gesamte praktische Prüfung

Komplexe Prüfungsaufgabe – Planen einer verkaufsfördernden Maßnahme –

Ablaufplan (100)	Anmerkungen	Ergebnis _____ x 0,5 = _____
Liste mit Werbemitteln und Werbeträgern (100)	Anmerkungen	Ergebnis _____ x 0,25 = _____
Möglichkeiten der Erfolgskontrolle (100)	Anmerkungen	Ergebnis _____ x 0,25 = _____
	Summe	Erreichte Punkte
Gastorientiertes Gespräch (100)	Ergebnis übertragen aus separatem Bewertungsbogen	Erreichte Punkte
	= Summe _____ : 2	Erreichte Punkte

Prüfungsaufgabe 1 (100)

❏ Erarbeiten einer Prüfliste, Kontrollieren und Herrichten eines Gastraums anhand der Prüfliste ❏ Arbeiten am Empfang ❏ Bearbeiten einer Reklamation ❏ Servieren von Speisen und Getränken	Anmerkungen	Erreichte Punkte

Prüfungsaufgabe 2 (100)

❏ Erarbeiten einer Prüfliste, Kontrollieren und Herrichten eines Gastraums anhand der Prüfliste ❏ Arbeiten am Empfang ❏ Bearbeiten einer Reklamation ❏ Servieren von Speisen und Getränken	Anmerkungen	Erreichte Punkte

Bei allen 3 Prüfungsaufgaben müssen zusammen mindestens 50 Punkte erreicht werden, um die praktische Prüfung dann mit der Note „ausreichend" noch zu bestehen.

HIER BESTELLEN!

Onlineshop
www.matthaes.de

Info & Bestellung
0711/2133-329

Portofreie Lieferung*

GEROLD DAWIDOWSKY
DER PERFEKTE BUSINESSPLAN

In seinem Buch erläutert Gerold Dawidowsky umfassend und leicht verständlich die Struktur eines perfekten Businessplans. Darüber hinaus verrät er praktische Tipps und Tricks für das Bankgespräch und eine gelungene Präsentation des eigenen Geschäftsmodells. Auch wichtige Informationen zu notwendigen Genehmigungen, Versicherungen und möglichen Gesellschaftsformen sind hinterlegt.

Der perfekte Businessplan ist mit seiner Fülle an Informationen eine gute Basis und Stütze auf dem Weg der Unternehmensgründung und garantiert Branchenkennern sowie Quereinsteigern einen gelungenen Start in die Selbstständigkeit.

152 Seiten | Softcover | ISBN 978-3-87515-046-9 | € 32,–

*innerhalb Deutschlands

»Der Matthaes Buchshop bringt mich zum Staunen. Alles andere bringt mich zur Verzweiflung.«

G. KRÜGER | CHEF DE RANG
bestellt seine Fachbücher im
Matthaes Buchshop

▶ www.matthaes.de

Bestellen auch Sie Ihre Bücher unter: www.matthaes.de

Ihre Vorteile:
▶ Über 500 Profititel von allen namhaften Verlagen
▶ Umfangreiche Leseproben
▶ Keine Versandkosten
▶ 14 Tage Rückgaberecht
▶ Persönliche Beratung am Telefon

MATTHAES
BUCHSHOP

Der Autor

Thomas E. Goerke hat sein Fach von der Pike auf gelernt. Nach dem Besuch der Hotelberufsfachschule Bad Reichenhall und anschließender Ausbildung im Steigenberger Airport Hotel in Frankfurt arbeitete er in folgenden Positionen: Commis, Demichef, Chef de Rang, Oberkellner, Bankettleiter, Wirtschaftsdirektor, Hotelgeschäftsführer und sogar ein eigenes Hotel garni betrieb er zeitweilig. Neben seinem beruflichen Engagement legte er die Ausbilder-Eignungs- und Serviermeisterprüfung sowie die Hotelmeisterprüfung ab.

Inzwischen widmet er sich seit vielen Jahren mit demselben Enthusiasmus der Ausbildung des Berufsnachwuchses: Als Abteilungsleiter für den Servicebereich und als Technischer Oberlehrer für die Fächer Technologiepraktikum, Service und Organisation an der Landesberufsschule für das Hotel- und Gaststättengewerbe in Bad Überkingen gibt er seinen Erfahrungsschatz an den Nachwuchs weiter.